解析 JREIT

山崎成人 著

目 次

I. JREITの仕組み ……………………………………………… 5

1. 概念 …………………………………………………………… 6
2. JREITの基本的スキーム ………………………………… 6
3. JREITの運用体制 ………………………………………… 8
4. JREITの関係法令 ………………………………………… 12

II. JREITの動向 …………………………………………………… 13

1. JREITの資産規模 ………………………………………… 16
   (1) 資産規模の拡大 ……………………………………… 17
   (2) JREIT取得物件の現状 ……………………………… 17
2. JREITの資金調達 ………………………………………… 19
   (1) 資金調達手法 ………………………………………… 19
3. JREITの投資主構成 ……………………………………… 26
   (1) 投資主構成の偏りについて（12銘柄分）………… 27
4. JREIT株価の推移 ………………………………………… 30
   (1) JREITの市場取引の傾向 …………………………… 32
   (2) JREITの株価形成要因 ……………………………… 34
   (3) JREIT投資家の動き ………………………………… 37
5. JREIT投資のインデックス ……………………………… 38
   (1) リスク・スプレッド ………………………………… 39
   (2) NAV = Net Asset Value との乖離率 ……………… 41
   (3) その他の投資判断指標 ……………………………… 44
6. JREITのリターン・リスク特性 ………………………… 75
   (1) 不動産としてのJREIT ……………………………… 75
   (2) 有価証券としてのJREIT …………………………… 78

Ⅲ. JREITと不動産市場の関連 …………………………………… 81

1. 分譲住宅市場との関連 ………………………………………… 82
2. 貸家住宅市場との関連 ………………………………………… 83
3. オフィスビル賃貸市場との関連 ……………………………… 83
4. 不動産流通市場との関連 ……………………………………… 85
5. 収益用不動産の開発 …………………………………………… 96
6. 不動産事業のリスク …………………………………………… 100

Ⅳ. JREITと株式市場・経済動向との関連 ………………… 111

1. 株式との関連 …………………………………………………… 113
2. 債券との関連 …………………………………………………… 114
   (1) JREITと一般経済動向との関連 ……………………… 114
   (2) JREITと米国市場動向 ………………………………… 116
   (3) JREITと為替相場 ……………………………………… 117
   (4) JREITと国内金利動向 ………………………………… 118
   (5) JREITと不動産市場動向 ……………………………… 119
   (6) JREITと地価動向 ……………………………………… 122

Ⅴ. 投資商品としてのJREITの特徴 ………………………… 123

1. 有価証券投資としての特徴 …………………………………… 124
   (1) 流動性 …………………………………………………… 124
   (2) 投資家別売買動向 ……………………………………… 125
   (3) 投資家の多様化 ………………………………………… 131
   (4) インデックスの利用 …………………………………… 132
2. 不動産投資として新たに加わった特徴 ……………………… 133
   (1) 価値の変動性 …………………………………………… 133
   (2) 価格算定手法 …………………………………………… 133
   (3) 情報開示 ………………………………………………… 134
   (4) 一般経済動向とのレスポンス ………………………… 134
3. 投資家との関係 ………………………………………………… 135
   (1) 年金等機関投資家にとってのJREITの問題 ………… 135
   (2) 一般投資家にとってのJREIT ………………………… 136

Ⅵ. JREITの資産組成手法と今後の動向 ································ 139

1. 上場前の資産取得方法の分類 ································ 140
   (1) 資産運用会社と投資法人を設立し，上場前に私募ファンドの状態で不動産を取得保有し一定期間資産運用を行ってから上場する手法 ····· 140
   (2) 事前に資産運用会社は設立し活動するが，投資法人は上場直前に設立し，上場時に新たに資産を取得する手法 ································ 141
2. 上場後の資産取得 ································ 144
   (1) 既存物件の通常の取得 ································ 144
   (2) 増資時の資産取得 ································ 144
   (3) 新規開発物件の取得 ································ 144
3. 保有物件を再建築する場合 ································ 147
   (1) 再建築の問題点 ································ 147
   (2) 再建築可能なケース ································ 148

Ⅶ. JREITの資産運用業務 ································ 153

1. 資産運用業務 ································ 154
2. パッシブ運用 ································ 156
3. IT技術と資産運用業務 ································ 158
4. 財務戦略 ································ 160
   (1) 財務戦略の基本 ································ 160
   (2) JREIT特有の財務戦略 ································ 162
   (3) 不動産の情報発信の問題 ································ 164
   (4) 情報発信活動の現状 ································ 165

Ⅷ. JREITの分析評価項目 ································ 167

1. 証券アナリスト等が使用する分析指標 ································ 168
2. 評価の為の分析手法 ································ 171

Ⅸ．JREIT投資のポイント ……………………………………… 181

1. JREIT投資の原則 ………………………………………… 183
   (1) ミドルリスク・ミドルリターンという
       商品特性を生かした投資を行う ……………………… 183
   (2) 配当金は年間で見る ………………………………… 183
   (3) 各銘柄の特徴を見分けて投資目的に合った銘柄を選ぶ ……… 184
2. JREITの投資手法 ………………………………………… 185
3. JREITの投資手段 ………………………………………… 188

Ⅹ．JREITの市場戦略 …………………………………………… 193

1. 投資家戦略 ………………………………………………… 194
2. 情報戦略 …………………………………………………… 200
3. 情報開示 …………………………………………………… 202

Ⅺ．JREITプレイヤーの現状と課題 …………………………… 209

1. JREITプレイヤーの現状 ………………………………… 210
   (1) AMマネジャーの現状 ………………………………… 211
   (2) PMマネジャーの現状 ………………………………… 211
   (3) 資産運用会社の人的調達と対応 ……………………… 212
2. JREITプレイヤーの課題と対応 ………………………… 214
   (1) インセンティブの導入 ………………………………… 214
   (2) 資産運用業務の分業化 ………………………………… 215
   (3) 一部業務の外注化 ……………………………………… 217
   (4) 物件情報の入手 ………………………………………… 218
3. JREITの取組むべき主要課題 …………………………… 218

参考文献 ………………………………………………………………… 220
あとがき ………………………………………………………………… 221

Ⅰ. JREITの仕組み

1．概念

JREIT（不動産投資信託）とは，不動産証券化手法の一つで，物権である不動産を債券である有価証券に変換する手法である（物権の債権化）。

不動産（物権）		有価証券（債権）
・持ち運び出来ない ・不動産を引き渡さなくては売買出来ない ・取引金額が大きい	（不動産の証券化） →	・カバンに入れて運べる ・有価証券の名義変更で売買が出来る ・取引金額が小さくなる

不動産という民法上，物権に分類されるものを，証券化手法を使って，有価証券という民法上の債権に分類されるものに変換するのが不動産の証券化である。

このように物権を債権化すると，取引は債権取引の簡便性を持つ事が出来るが，内容を詳細に見ると，物権としての不動産の側面と，債権としての有価証券側面の両方を併せ持つようになる。

2．JREITの基本的スキーム

JREITとは，投資法人が不動産市場から投資用不動産を取得し，その不動産から生じる収益（賃貸収益等）によって投資家への配当金と借入金の利子を支払う仕組みである（簡単に言えば，JREITとは不動産投資専門会社の設立とも言えるので，会社型不動産投信と呼ばれる）。

Ⅰ. JREITの仕組み　7

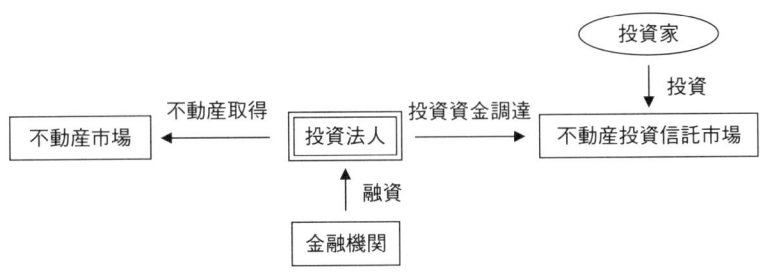

　JREITの仕組みを資金の流れで見ると，
①投資法人が出資証券の発行により不動産投資信託市場から投資を募る。
　＜エクイティ（資本）の調達＞
②投資法人が金融機関より借入を起こす。
　＜デット（負債）の調達＞

※**不動産投資信託市場**；株式市場の中に新たに創設された公開取引市場

　こうして集められた出資金と借入金で，投資用不動産を不動産市場から調達し，保有する不動産から生じる賃貸収益によって出資金の配当と借入金の利子を賄うのが基本的なスキームである。

資金調達手段の概念図

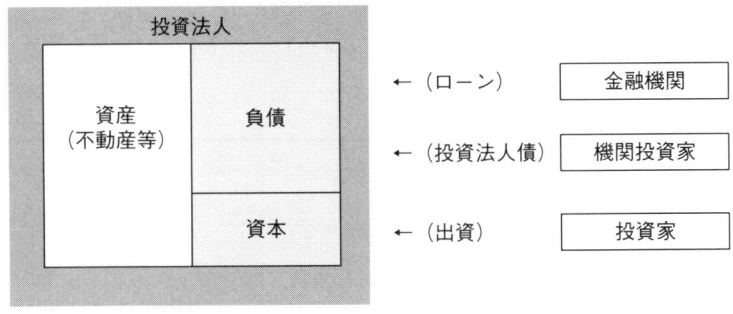

3．JREITの運用体制

　JREIT投資法人は保有資産からの収益を源泉として活動している組織体であるが，自らで資産運用を行う事が出来ず（自家運用の禁止）外部の資産運用会社に資産運用業務（Asset Management）を委託している。

投資法人の業務体制

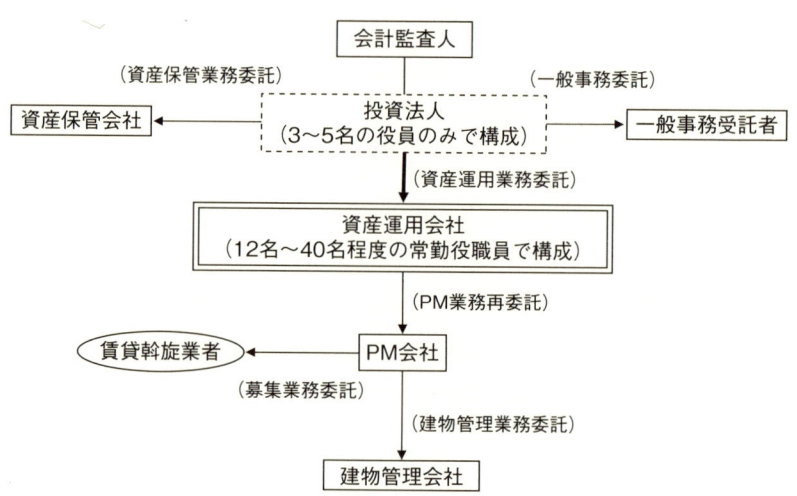

　この図のように投資法人は，3～5名の役員のみで構成されている組織体で，大半の業務は外部に委託されており，実質的には投資資金等を集めるビークル（器）としての役割を担っている。

※**資産保管業務**；投資法人が保有する不動産を保管する業務
※**一般事務**；出資証券・投資法人債の発行業務，配当金支払業務，会計帳簿作成業務，納税業務等

※**資産運用業務**（Asset Management 業務）；資産の取得・売却と保有資産の運用業務で投資信託委託業者（認可制）が受託する
※**PM 業務**（Property Management 業務）；保有資産の維持管理とテナントの管理業務
※**建物管理業務**；建物の物理的管理業務

投資法人

- 社団として法人格を備えていて，執行役員と監督役員のみで構成されている。
- 監督役員は執行役員より1名多い数でなければならない。
- 社員を雇用する事も出来ず，支店，営業所等も開設出来なくて資産運用以外の他の業務を営む事も出来ない。
- 設立企画人（株式会社設立の際の発起人に該当する）によって設立され内閣総理大臣（届出窓口は金融庁）に届出る。

資産運用会社

- 投資法人の資産運用にかかる業務を行う者で，内閣総理大臣（窓口は金融庁）の認可を必要とする投資信託委託業者。
- JREIT の実務では，オリジネーターと呼ばれるスポンサー企業が，まず，投資信託委託業者を設立し，投資信託委託業者が投資法人の設立企画人になる。
- また，投資信託委託業者が運用を行う資産に実物不動産が含まれる場合には，投資信託委託業の認可前に宅地建物取引業法に基づく取引一任代理の認可を得る必要がある（不動産を信託受益権変換して資産運用対象とする場合には宅地建物取引業の免許は不要）。

資産保管会社

投資法人は不動産信託受益権に変換された資産や不動産を保有するが，こ

れらの資産は資産保管会社に委託して保管しなくてはならない。資産保管会社は信託会社，証券会社になるが，実務的には信託銀行が行う場合が多い。

一般事務受託会社

資産運用業務と資産保管業務以外の投資法人の業務を受託する会社で，特に，要件はない。

（投資法人の役員）

投資法人の執行役員には，スポンサーとなったオリジネーター企業の退職者等が勤める場合が多く，役員報酬も30万円～50万円/月程度になっている。監督役員には，弁護士・公認会計士等の有資格者が就任するケースが多い。

（資産運用会社の役職員）

スポンサーとなったオリジネーター企業からの出向者が中心となっている場合が多い。資産運用会社の役員が投資法人の執行役員を兼任する例もある。

（JREITの関係プレイヤー）

JREITには多くの関係プレイヤーが存在するが，その関係をまとめると別図の通りとなる。

I. JREITの仕組み　11

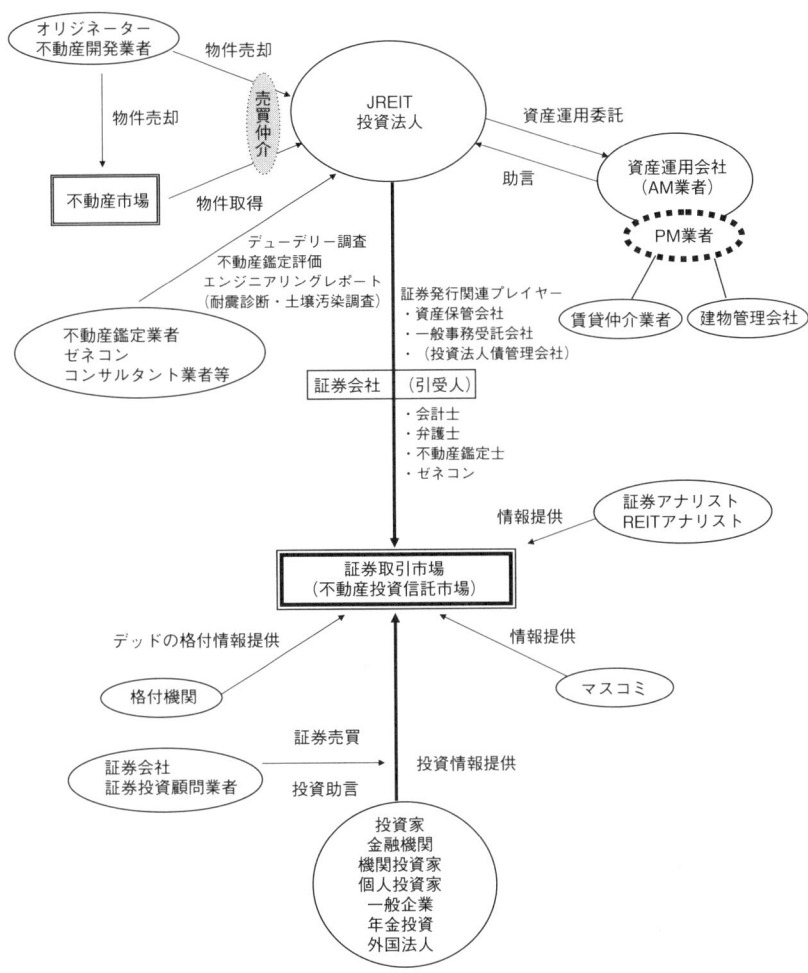

4. JREITの関係法令

投資信託法

2000年5月の改正で，投資信託の対象資産が不動産に拡大された事により不動産投資信託制度が作られた（JREITの根拠法）。

宅地建物取引業法

投資法人が不動産信託受益権だけでなく，不動産を取得・保有する場合には，資産運用を行う資産運用会社は宅地建物取引業免許が必要となる。

証券取引法

1998年6月の「金融システム改革法」により，証券投資信託にも証券取引法が適用される事になり，JREITにも有価証券届出書・有価証券報告書の提出と公衆縦覧が義務付けられた。また，証券の募集や売り出しの際の目論見書作成や会計監査制度も導入された。

東京証券取引所の上場基準

2001年3月に東証が従来の株式市場に加えて不動産投資信託市場を創設し，上場審査基準・上場廃止基準・適時開示基準を規定した。

投資信託協会の自主規制

東証のJREIT上場要件の中に㈳投資信託協会加盟が義務付けられている為，JREITには投資信託協会の自主規制が適用される。

主な規制としては，投資対象に関する制限や資産運用報告書の記載内容の規定等がある。

Ⅱ. JREITの動向

JREIT 銘柄一覧表（2005年4月15日作成）

投資法人名称（略称）	日本ビルファンド投資法人 (NBF)	ジャパンリアルエステイト投資法人 (JRE)	日本リテールファンド投資法人 (JRF)	オリックス不動産投資法人 (OJR)	日本プライムリアルティ投資法人 (JPR)	プレミア投資法人 (PIC)	東急リアル・エステート投資法人 (TRI)	グローバル・ワン不動産投資法人 (GOR)
証券コード/取引市場	8951/東証	8952/東証	8953/東証	8954/東証	8955/東証	8956/東証	8957/東証	8958/東証
決算期	6月/12月	3月/9月	2月/8月	2月/8月	6月/12月	4月/10月	1月/7月	3月/9月
上場日	2001年9月	2001年9月	2002年3月	2002年6月	2002年6月	2002年9月	2003年9月	2003年9月
第1回増資	2004年7月	2002年5月	2003年9月	2003年9月	2003年7月	2003年11月	2004年8月	2004年10月
第2回増資	—	2003年10月	2004年3月	—	2005年2月	—	—	—
第3回増資	—	2005年4月	2005年3月	—	—	—	—	—
次期予想分配金	15,100円	15,800円	14,565円	14,323円	5,800円	14,000円	13,300円	14,100円
株価(05/04/15終値)	938,000円	856,000円	847,000円	693,000円	300,000円	731,000円	708,000円	854,000円
予想分配金利回り（年換算）	3.22%	3.69%	3.44%	4.13%	3.87%	3.83%	3.76%	3.30%
時価総額	3,421億円	2,229億円	1,859億円	1,215億円	1,590億円	580億円	1,005億円	652億円
発行済投資口数	364,700口	260,400口	219,502口	175,372口	530,000口	79,400口	142,000口	76,400口
資産総額	4,304億円	2,574億円	2,447億円	1,700億円	+	846億円	1,472億円	721億円
実績分配金 第1期	19,026円	14,983円	13,252円	22,472円	2,545円	19,910円	9,488円	18,124円
第2期	16,003円	12,853円	14,438円	15,501円	6,912円	14,909円	14,230円	18,759円
第3期	16,253円	14,455円	15,095円	15,246円	6,873円	12,202円	13,045円	—
第4期	15,367円	15,117円	16,918円	14,156円	5,738円	15,105円	—	—
第5期	14,582円	14,602円	14,452円	14,772円	6,081円	—	—	—
第6期	15,185円	14,711円	15,419円	14,068円	6,671円	—	—	—
第7期	17,291円	—	—	—	—	—	—	—
運用資産種別	オフィスビル特化	オフィスビル特化	商業施設特化	総合型	オフィス・商業施設	オフィス・住居	オフィス・商業施設	オフィスビル特化
投資比率 オフィス	100%	100%	—	85%	75%	58%	53%	100%
住居	—	—	—	2%	—	42%	—	—
商業施設（都市型）	—	—	20%	—	25%	—	36%	—
商業施設（郊外型）	—	—	80%	—	—	—	11%	—
ホテル	—	—	—	8%	—	—	—	—
その他	—	—	—	—	—	—	—	—
地域比率 東京23区	71%	78%	15%	68%	50%	85%	85%	90%
関東	11%	4%	33%	12%	13%	15%	15%	0%
その他	18%	18%	52%	20%	37%	0%	0%	10%
投資物件数	47棟	14棟	30棟	49棟	46棟	25棟	17棟	3棟
主要物件 投資額1位・比率	JFE（日本鋼管本社）bldg 17.90%	渋谷クロスタワー 11.34%	ならファミリー 11.53%	クロスゲート 8.44%	兼松ビル 8.00%	六番町ビル 9.78%	りそなマルハビル 15.71%	大手町ファーストスクエア 37.15%
投資額2位・比率	芝NBFタワー（東京生命芝bldg） 7.73%	三菱総合研究所bldg 8.93%	イオン大和SC 6.21%	第三松葉ビル 7.63%	JPR梅田ロフトビ 6.39%	ランディック第2新橋 8.76%	世田谷ビジネススクエア 15.13%	スフィアタワー天王洲 28.59%
投資額3位・比率	日本橋室町センタービル 5.78%	銀座三和ビル 5.51%	ワンダーシティ 5.87%	ランディック赤坂ビル 6.50%	JPR渋谷タワーレコードビル 5.90%	KSP R&D棟 8.16%	QFRONT 10.20%	近鉄名古屋ビル 26.64%
投資額4位・比率	アクア堂島大和島ビル 4.30%	二番町ガーデン 4.82%	エスキス表参道 5.35%	ビッグス池袋 5.37%	ビッグス新橋 5.82%	ランディック新橋 7.89%	PICASSO 347 6.43%	—
投資額5位・比率	シーノ大宮ノースウィング 4.06%	名古屋広小路ビル 8億円	大阪心斎橋8953ビル 5.28%	オリックス新宿 4.66%	MS芝浦ビル 5.51%	KN渋谷3 6.65%	ビーコンプラザ 9.93%	—
外部成長 上場時物件取得額	2,266億円	928億円	409億円	996億円	922億円	461億円	803億円	398億円
現時点物件取得額	4,142億円	3,052億円	2,710億円	1,782億円	2,034億円	804億円	1,481億円	632億円
資産運用会社名称	日本ビルファンドマネジメント	ジャパンリアルエステイトアセットマネジメント	三菱商事・UBSリアルティ	オリックス・アセットマネジメント	東京リアルティ・インベストメント・マネージャーズ	プレミア・リート・アドバイザーズ	東急リアル・エステート・インベストメント・マネジメント	グローバル・アライアンス・リアルティ
主要株主	三井不動産	三菱地所	三菱商事	オリックス	東京建物	中央三井信託/ケンコーポレーション	東急電鉄/東急不動産	日本GMAC/明治安田生命

※ 投資比率・地域比率・主要物件の投資比率は全て作成日現在の物件取得価格に対する比率
※ 資産総額は直近決算の総資産額を記載
※ NCRの発行済投資口数にはオーバーアロットメントによる売出口数は含まれておりません。

II. JREITの動向

	野村不動産オフィスファンド投資法人 (NOF)	ユナイテッド・アーバン投資法人 (UUR)	森トラスト総合リート投資法人 (MTR)	日本レジデンシャル投資法人 (NRIC)	東京グロースリート投資法人 (TGR)	フロンティア不動産投資法人 (FRI)	ニューシティ・レジデンス投資法人 (NCR)	クレッシェンド投資法人 (CIC)	
	8959/東証	8960/東証	8961/東証	8962/東証	8963/大証	8964/東証	8965/東証	8966/東証	
	4月/10月	5月/11月	3月/9月	5月/11月	6月/12月	6月/12月	2月/8月	5月/11月	
	2003年12月	2003年12月	2004年2月	2004年3月	2004年5月	2004年8月	2004年12月	2005年3月	
	2004年5月	2004年12月	―	2004年12月	2005年2月	―	―	―	
	2005年5月	―	―	―	―	―	―	―	
	―	―	―	―	―	―	―	―	
	14,100円	13,500円	17,000円	12,108円	9,011円	10,778円	15,112円	6,260円	
	777,000円	699,000円	915,000円	669,000円	392,000円	682,000円	613,000円	609,000円	
	3.63%	3.86%	3.72%	3.62%	4.60%	3.98%	3.46%	5.11%	
	1,435億円	1,117億円	1,464億円	681億円	113億円	753億円	457億円	285億円	18,858億円
	184,650口	159,843口	160,000口	101,845口	28,899口	110,400口	74,556口	46,792口	
	1,735億円	742億円	1,280億円	611億円	159億円	815億円	610億円	―	20,016億円
	10,274円	12,285円	未上場	18,263円	10,246円	9,543円	―	―	
	14,114円	―	未上場	―	―	―	―	―	
	―	―	15,243円	―	―	―	―	―	
	―	―	16,503円	―	―	―	―	―	
	―	―	―	―	―	―	―	―	
	オフィスビル特化	総合型	オフィス・商業	住居特化	オフィス・住居	商業施設特化	住居特化	オフィス・住居	
	100%	25%	76%	―	32%	―	―	39%	
	―	11%	2%	100%	68%	―	100%	48%	
	―	―	―	―	―	―	―	13%	
	―	29%	22%	―	―	100%	―	―	
	―	35%	―	―	―	―	―	―	
	84%	41%	64%	85%	86%	33%	71%	99%	
	8%	19%	27%	4%	14%	14%	22%	1%	
	8%	40%	9%	11%	0%	53%	6%	―	
	20棟	23棟	10棟	68棟	30棟	6棟	61棟	25棟	501棟
	新宿野村ビル 20.42%	新大阪セントラルタワー 17.78%	日立本社ビル 30.67%	元麻布プレイス 8.93%	日本橋第二ビル 13.69%	イオン品川シーサイドSC 31.02%	NCR横浜イースト 8.91%	恵比寿スクエア 18.73%	
	JALビルディング 17.44%	新宿ワシントンホテル 15.64%	日産自動車本社ビル新館 12.27%	アパートメンツ西麻布 6.89%	パークビラハ雲 8.08%	マイカル茨木 27.93%	NCR目黒三田 8.00%	エムズ原宿 12.65%	
	イトーピア日本橋本町 10.86%	川崎東芝ビル 14.23%	三田MTビル 12.27%	ソルシェ目白 6.39%	上野東相ビル 7.54%	ジョイフルタウン岡山 16.98%	NCR南青山 4.99%	ミルーム若林公園 9.59%	
	天王洲パークサイドビル 7.80%	ダイエー碑文谷 11.34%	丸紅大阪本社ビル 9.58%	フロンティア芝浦 4.26%	アビタシオンクレール 6.11%	ジョイフルタウン秦野 14.35%	NCR西麻布ツインタワー 4.37%	NV富岡ビル 6.64%	
	西武信用金庫渋谷ビル 6.33%	ダイヤモンドシティ熊本南SC 8.23%	イトーヨーカ堂新浦安店 9.32%	パシフィックレジデンス赤坂檜町 4.09%	コンフォート中目黒 5.04%	パピヨンプラザ 7.42%	NCR西麻布 4.15%	水天宮平和ビル 4.12%	
	1,042億円	602億円	1,072億円	395億円	117億円	648億円	610億円	321億円	11,990億円
	1,897億円	1,349億円	1,304億円	1,150億円	215億円	648億円	758億円	376億円	24,334億円
	野村不動産投信	ジャパン・リート・アドバイザーズ	森トラスト・アセットマネジメント	パシフィック・インベストメント・アドバイザーズ	パワーインベストメント	フロンティア・リート・マネジメント	CBRE・レジデンシャル・マネジメント	カナル投信	
	野村不動産	トリニティ・インベストメント・トラスト/丸紅	森トラスト	パシフィックマネジメント	東京リート/エイチ・エス証券	日本たばこ産業	CBRE・インベスターズ/NCC・ホールディングス・デラウェアLLC	韓充宏、平和不動産、AKIYAMA HOLDINGS & FINANCE S.A. インボイス、伊藤忠ファイナンス	

1. JREITの資産規模

2001年9月10日に日本ビルファンド投資法人とジャパンリアルエステイト投資法人の2銘柄が東京証券取引所の不動産投資信託市場に登場して始まったJREITは，最初は2銘柄合わせて約3000億円の資産規模であった。

2年後の2003年9月には，銘柄数は4倍の8銘柄になり資産規模も1兆円を超え，更に3年後の2004年8月には14銘柄となり資産規模も1.6兆円を超えるレベルに達した。

2004年末には15銘柄で2兆円を超える資産規模にまで拡大していて，このようなJREITの勢いが新たな参入を促しており，暫くは，この勢いは衰える様子はない。

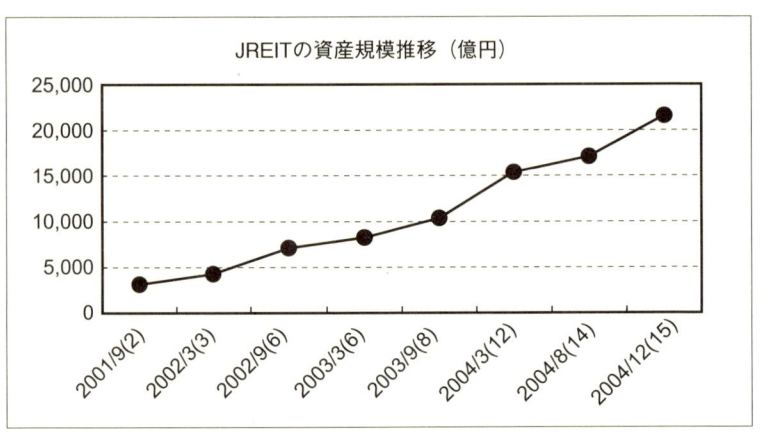

※（ ）の数字は銘柄数
※資産規模は物件取得価格の合計数字を使用

(1) 資産規模の拡大

JREIT は投資分散効果を発揮する為にも外部成長と呼ばれる資産規模の拡大を図る必要があり，どの銘柄でも目標資産規模を上場時規模の2～3倍に設定し，年間300～500億円規模で物件取得を進めていく。

従って，銘柄数の増加はJREIT全体の資産規模の増加を加速させる事になり，現状の銘柄だけでも年間5000億円程度の資産規模を積み上げると予想されるので，今後5年間では5兆円を超える規模に達すると考えられる。

元々，日本の不動産資産は1400兆円程度と言われていて，その内，投資用不動産は10％以下だと考えられているが，それでも現在のJREITの規模からみれば今後の拡大余地は充分に大きいと言える。

(2) JREIT 取得物件の現状

①不動産市場からの調達

不動産取引に係る正確な統計は存在しないが，都市未来総合研究所の調査によると2004年5月と6月の上場企業の不動産売買に対してJREIT関連取引が，件数で約半分，金額比では約80％を占めているとされている。

このペースでJREITが既存物件を市場から調達していけば物件供給が追いつかなくなる可能性もあり，また，既に一部兆候が現れているようにJREIT間の取得競争が激化して，取得価格が高騰する事で，取得キャップレート（※）が低下し投資家に対する配当金を減少させる事にも繋がってしまう。

　　※取得キャップレート＝単年度の標準的収益（Net Operating Income ＝減価償却費控除前賃貸利益）÷取得価格

②開発型での新規物件調達

　JREITの資産運用会社は既存物件からの取得だけでなく，JREIT向けに新たに開発される収益用不動産の開発案件に取組んでいる。

　開発型案件は，建物完成前に取得を決定することで，建物竣工後の稼働リスクを引き受け，取得キャップレートを引き上げられる事と，新築物件の取得による保有資産の質を改善する事で市場からの要求利回りを下げる（株価の上昇）という2つの効果が期待出来る。

③減損会計による企業保有不動産の流動化

　企業への減損会計適用により保有不動産の売却または流動化が盛んになっていて，本社ビル等のオフィスビルではセール・アンド・リースバック（売却後もテナントとして賃借使用する取引）による売買が活発化している。

　また，工場閉鎖や統合によって不要となった工場跡地が商業施設として再開発されてJREITに売却されるケースも多くなっている。

　以上のように，JREIT向けの物件供給は今後も続くと予想されるのと，現在の不動産市場では，50億円を越える不動産の買い手はJREITと一部の外資系私募ファンドしか見当たらないこともあって，暫くは，JREITの物件取得環境は順調だと考えられる。

2．JREIT の資金調達

　JREIT は既存の不動産会社に比べるとデット（借入金）とエクイティ（出資）での資金調達力が高いことが成長の原動力となっている。

(1) 資金調達手法

　JREIT の資金調達は，以下の3つの手法で行われている。

①金融機関からの借入

　実務上（配当金損金参入要件等）から適格機関投資家からの調達に限られているが，都市銀行，信託銀行，地方銀行からの調達が多く，融資条件も一般企業に比べて有利になっている。

　融資形態はアセットファイナンスの一種であるノンリコース・ローン（責任限定担保付融資）及びリコースローン（従来のコーポレートファイナンス）で調達している。

　また，資産取得を機動的に行う為に予め融資枠を確保するコミットメントラインを設定している銘柄も多い。

銘柄別借入状況

	借入残高 (百万円)	調達金利	返済方式	担保・保証条件
NBF（第6期の借入状況, 平均残高）				
短期借入金（変動金利）	34,771	※0.50%	期限一括返済	無担保・無保証
長期借入金（変動金利）	87,264	※1.43%	期限一括返済	無担保・無保証
JRE（H16.12.16現在の借入状況）				
短期借入金（変動金利）	6,000	0.42〜0.43%	期限一括返済	無担保・無保証
短期借入金（固定金利）	2,000	0.26%	期限一括返済	無担保・無保証
長期借入金（固定金利）	27,000	0.78〜1.55%	期限一括返済	無担保・無保証
長期借入金（固定金利）	24,000	1.12%	期限一括返済	有担保・無保証
JRF（第5期末の借入状況）				
短期借入金（変動金利）	16,760	0.47%	期限一括返済	無担保・無保証
長期借入金（固定金利）	14,170	1.10〜1.51%	期限一括返済	無担保・無保証
長期借入金（変動金利）	10,000	0.68%	期限一括返済	無担保・無保証
OJR（H16.11.12現在の借入状況）				
短期借入金（変動金利）	1,000	NA	期限一括返済	無担保・無保証
長期借入金（固定金利）	26,150	1.34・1.85%	期限一括返済	有担保・無保証
長期借入金（固定金利）	15,000	1.09%	期限一括返済	無担保・無保証
長期借入金（変動金利）	30,650	0.70〜1.08%	期限一括返済	有担保・無保証
JPR（H16.11.30現在の借入状況）				
短期借入金（変動金利）	21,100	0.49〜0.59%	期限一括返済	無担保・無保証
長期借入金（固定金利）	28,966	1.23〜2.05%	期限一括返済	有担保・無保証
長期借入金（固定金利）	1,000	0.87%	期限一括返済	無担保・無保証
PIC（H17.01.14現在の借入状況）				
短期借入金（変動金利）	15,200	0.87〜1.09%	期限一括返済	有担保・無保証
長期借入金（固定金利）	5,700	1.12・1.78%	期限一括返済	有担保・無保証
長期借入金（変動金利）	5,700	0.99・1.04%	期限一括返済	有担保・無保証
TRI（H17.01.24現在の借入状況）				
短期借入金（変動金利）	10,500	0.46%	期限一括返済	無担保・無保証
短期借入金（固定金利）	5,000	0.52%	期限一括返済	無担保・無保証
長期借入金（固定金利）	35,000	1.12〜2.03%	期限一括返済	無担保・無保証
GOR（H16.10.29現在の借入状況）				
長期借入金（変動金利）	7,693	0.64%	期限一括返済	有担保・無保証
長期借入金（固定金利）	7,697	1.39%	期限一括返済	有担保・無保証
NOF（H16.12.08の借入状況）				
短期借入金（変動金利）	5,500	0.48・0.50%	期限一括返済	無担保・無保証
長期借入金（変動金利）	47,000	0.60〜1.78%	期限一括返済	無担保・無保証
長期借入金（固定金利）	12,000	1.05〜1.52%	期限一括返済	無担保・無保証

	借入残高 (百万円)	調達金利	返済方式	担保・保証条件
UUR （H17.1.24現在の借入状況）				
短期借入金（変動金利）	8,500	0.46%	期限一括返済	無担保・無保証
中期借入金（固定金利）	13,500	0.68・0.92%	期限一括返済	無担保・無保証
長期借入金（変動金利）	20,000	1.20・1.22%	期限一括返済	有担保・無保証
長期借入金（固定金利）	5,000	1.40%	期限一括返済	無担保・無保証
MTR （H16.09.30現在の借入状況）				
短期借入金（変動金利）	22,000	0.40〜0.59%	期限一括返済	無担保・無保証
長期借入金（固定金利）	8,000	0.93〜1.65%	期限一括返済	無担保・無保証
長期借入金（変動金利）	6,000	0.65・0.70%	期限一括返済	無担保・無保証
NRIC （H16.05.31現在の借入状況）				
短期借入金（変動金利）	2,300	1.08%	期限一括返済	有担保・無保証
長期借入金（固定金利）	10,000	1.42%	期限一括返済	有担保・無保証
長期借入金（変動金利）	10,000	0.80%	期限一括返済	有担保・無保証

※ NBFの調達金利は期中の加重平均金利

> ノンリコース・ローンとは，担保に供された不動産以外に返済責任が遡及されない融資形態であるが，JREITでは担保価値に対する融資掛目が50％以下の場合が多い。従って，仮にノンリコース・ローンの担保が実行されると，融資金融機関は担保価値の半分で担保不動産を取得する事になり，残余分の精算は行われない。
> この場合，JREIT出資者への配分は0になってしまうので，純資産価値という考え方は意味がなくなる。

②投資法人債の発行

　出資証券の払い戻しを行わないクローズドエンド型の投資法人では投資法人債を発行することが出来る。

　投資法人債の発行には，格付会社から格付を取得して行う事になるが，現在のJREIT投資法人（平成16年末時点ではNBF・JRE・JRF・JPR・NOFの5銘柄が格付けを取得している）の格付は全てシングルA以上となっている為に，有利な発行条件が得られる。

　投資法人債は適格機関投資家を対象にしたプロ私募が主流であるが，JRFが2005年2月に公募による投資法人債を発行する予定になっており，更に，NBFが2000億円以内で公募法人債を発行する予定になっている。

投資法人債発行実績

	発行金額	利率	償還期間	募集方法	発行条件
NBF起債実績					
第二回投資法人債（H15.02）	100億円	0.75%	4年	プロ私募	無担保・無保証
第三回投資法人債（H15.06）	100億円	2.00%	15年	プロ私募	無担保・無保証
第四回投資法人債（H15.09）	100億円	1.04%	5年	プロ私募	無担保・無保証
第五回投資法人債（H15.09）	100億円	1.60%	7年	プロ私募	無担保・無保証
JRE起債実績					
第一回投資法人債（H14.06）	250億円	1.32%	5年	プロ私募	無担保・無保証
第二回投資法人債（H15.04）	100億円	0.69%	5年	プロ私募	無担保・無保証
第三回投資法人債（H15.04）	100億円	0.98%	7年	プロ私募	無担保・無保証
JRF起債実績					
第一回投資法人債（H17.02）	200億円	0.74%	5年	公募	無担保・無保証
第二回投資法人債（H17.02）	150億円	1.73%	10年	公募	無担保・無保証
JPR起債実績					
第一回投資法人債（H16.02）	100億円	0.84%	4年	プロ私募	無担保・無保証
第二回投資法人債（H16.04）	70億円	1.38%	6年	プロ私募	無担保・無保証
第三回投資法人債（H16.04）	50億円	2.32%	10年	プロ私募	無担保・無保証
第四回投資法人債（H16.11）	100億円	0.92%	5年	プロ私募	無担保・無保証
第五回投資法人債（H16.11）	50億円	1.44%	7年	プロ私募	無担保・無保証
第六回投資法人債（H16.11）	50億円	2.00%	10年	プロ私募	無担保・無保証

JREIT格付取得銘柄一覧

銘柄名	格付会社				
	S&P			Moody's	R&I
	長期	アウトルック	短期	発行体格付	—
ジャパンリアルエステイト投資法人（JRE）	A+	安定的	A-1	A1	AA
日本ビルファンド投資法人（NBF）	A	安定的	A-1	A2	AA−
日本プライムリアルティ投資法人（JPR）	A−	安定的	A-2	A3	A+
野村不動産オフィスファンド投資法人（NOF）	A	安定的	A-1	A3	—
日本リテールファンド投資法人（JRF）	A+	安定的	A-1	A2	AA−

③出資口証券の発行

　新規公開株式での資金調達と，上場後の資産規模拡大に伴う増資での資金調達がある。前述したように各銘柄は上場後も積極的に物件の追加取得を行うが，LTV（Loan To Value ＝有利子負債比率）の率を基本方針で60％以下に，実際の運用では40％前後を目標としている為，物件取得資金を，一

旦，短期借入金で調達しLTVを上昇させるが，50％を越えると増資でエクイティの調達を行い，借入金を返済し，再び，LTVを下げてから物件取得を行うというサイクルになっている。

なお，出資口証券の発行は株式と同じように，証券会社を引受人としてブック・ビルディング方式で行われる。

＜エクイティの状況＞

JREITが登場した2001年9月から2004年末までのエクイティの調達を見てみると次のようになっている。

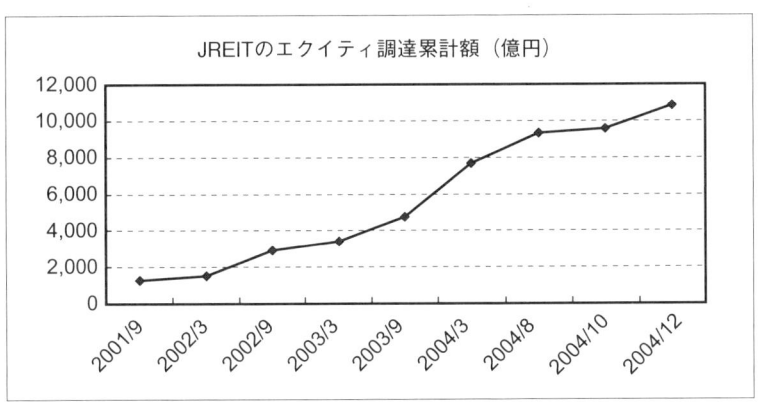

2001年9月から新規上場と増資により，1兆円以上のエクイティを市場から調達している。また，増資は，2004年末までに11銘柄が13回行っており，合計調達額は4300億円に達している。

JREIT の増資実績

	第一回増資	第二回増資
日本ビルファンド投資法人	2004年7月（約607億円）	
ジャパンリアルエステイト投資法人	2002年5月（約320億円）	2003年10月（約220億円）
日本リテールファンド投資法人	2003年3月（約500億円）	2004年3月（約420億円）
オリックス不動産投資法人	2003年9月（約250億円）	
日本プライムリアルティ投資法人	2003年7月（約320億円）	
プレミア投資法人	2003年11月（約90億円）	
東急リアル・エステート投資法人	2004年8月（約270億円）	
野村不動産オフィスファンド投資法人	2004年5月（約210億円）	
グローバル・ワン不動産投資法人	2004年10月（約227億円）	
ユナイテッド・アーバン投資法人	2004年12月（約530億円）	
日本レジデンシャル投資法人	2004年12月（約330億円）	

　以上のように，JREITは一般事業法人と異なり，資産拡大に連動して年1回程度の頻度で増資を行う事で外部成長を図るので，増資を成功させる事がJREIT財務での最重要事項になっている。

・JREITの増資手法

　JREITの増資も株式と同じように，複数証券会社がシンジケーションを組んで，一旦引き受けてから，ブック・ビルディング方式で公募を行う。

　公募発行価格の決定は，発行価格決定日の市場価格の終値に0.9～1.0を掛けて仮条件の価格を求め，その後，機関投資家等の大口投資家の需要状況を見て発行価格を決定する。

　過去の増資例を見ていると，仮条件で示された上限価格が発行価格になる場合が多いが，一部の銘柄では増資を行う期の配当金を差し引いたディスカウント価格を公募価格としている。

　なお，引受証券会社へは発行価格（公募価格）と発行価額（投資法人の手取価格）の差額が手数料として支払われる。

　以上のことから，投資法人の増資は市場価格が高いほど増資効率が良い（1口当たりの発行価額が大きくなる）ので，市場株価が高値で推移している状況での増資が望ましいが，増資口の配当金計算期間を長くする為に，決

算期の期初に増資を行うので，投資法人の決算時期にも左右され，複数の銘柄が同時期に増資を行うというケースが増えている（各銘柄の決算月は「JREIT 銘柄一覧表」を参照）。

また，過去には，株価低位銘柄が人気銘柄の前後に増資を行った事で，予定調達金額以下の公募となったケースもある。

・JREIT の決算月について

JREIT には半年毎の決算が義務付けられていて，現在の 14 銘柄の決算月は 1～12 月の各月にわたっている。

従って，投資家は 6 銘柄に投資すれば毎月配当金が受領出来るようになっているが，投資法人側としては，増資時期との関係もあって，一般企業の決算の多い 3 月・9 月と 6 月・12 月に設定している銘柄が多くなっている。

新規上場銘柄では，増資タイミングと既存銘柄の決算期を考慮しながら決算月を決めているようであるが，上記の 3/9 月期と 6/12 月期には，市場評価の高い銘柄が多いので，敢えて，競合を避けて，他の決算期を選択している傾向もあり，上場銘柄の増加により決算月の分散がより図られつつある。

3. JREITの投資主構成

グラフA；銘柄別投資主構成（2004年12月末現在のデータ）

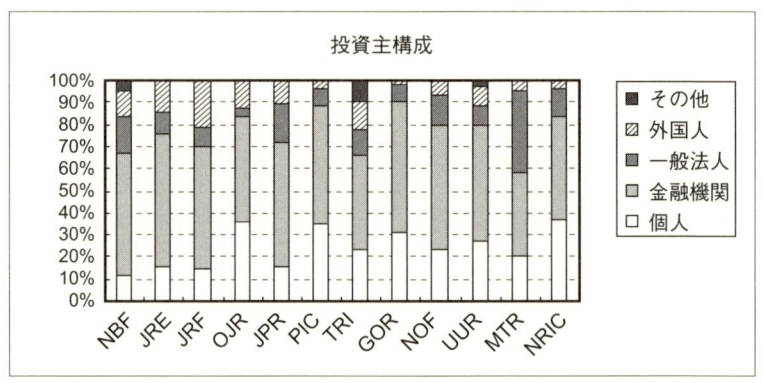

	個人	金融機関	一般法人	外国人	その他	合計
NBF	12.0%	55.0%	16.9%	11.5%	4.6%	100.0%
JRE	15.4%	60.0%	9.8%	14.8%	0.0%	100.0%
JRF	14.8%	54.7%	8.9%	21.6%	0.0%	100.0%
OJR	35.8%	47.3%	4.6%	12.3%	0.0%	100.0%
JPR	15.4%	56.3%	17.5%	10.8%	0.0%	100.0%
PIC	34.7%	53.2%	7.9%	4.2%	0.0%	100.0%
TRI	23.0%	42.6%	11.7%	12.7%	10.0%	100.0%
GOR	30.9%	59.5%	7.9%	1.7%	0.0%	100.0%
NOF	23.7%	55.5%	13.8%	7.0%	0.0%	100.0%
UUR	27.6%	51.9%	9.2%	8.6%	2.7%	100.0%
MTR	20.4%	38.1%	37.0%	4.5%	0.0%	100.0%
NRIC	37.0%	46.7%	12.2%	4.0%	0.1%	100.0%
計	24.2%	51.7%	13.1%	9.5%	1.5%	100.0%

　上の表から分かるようにJREITの投資主を所有口数で見ると、全体として金融機関の比率が高くなっており、12銘柄全体では51.7%と最大のシェアーを占めている（データ発表があった12銘柄に対しての比率）。銘柄別で見ると、

金融機関の持株比率が高いのは………JRE・GOR・JPR
個人の持株比率が低いのは……………NBF・JRE・JPR

となっていて，特に，先発銘柄であるNBF, JRE, JPRの投資主構成が大きく偏っているのが分かる。

※銘柄略称
NBF： 日本ビルファンド投資法人
JRE： ジャパンリアルエステイト投資法人
JRF： 日本リテールファンド投資法人
OJR： オリックス不動産投資法人
JPR： 日本プライムリアルティ投資法人
PIC： プレミア投資法人
TRI： 東急リアル・エステート投資法人
GOR： グローバル・ワン不動産投資法人
NPF： 野村不動産オフィスファンド投資法人
UUR： ユナイテッド・アーバン投資法人
MTR： 森トラスト総合リート投資法人
NRIC： 日本レジデンシャル投資法人
TGR： 東京グロースリート投資法人
FRI： フロンティア不動産投資法人
NCR： ニューシティ・レジデンス投資法人

(1) 投資主構成の偏りについて（12銘柄分）

①金融機関への偏り

　投資法人が決算期毎に発表する上位投資主名一覧から国内金融機関の持株比率を調べると，41社で25.3％の持株比率になっていて，金融機関と言ってもその裾野は必ずしも広くはない。

JREIT 大口投資主国内金融機関上位 10 社

	所有口数	JREIT発行済口数に対する保有比率（12銘柄分）
日本トラスティ・サービス信託銀行（信託口）	108,662	5.25%
資産管理サービス信託銀行	55,594	2.68%
北洋銀行	36,789	1.78%
池田銀行	35,624	1.72%
中国銀行	31,445	1.52%
明治安田生命保険	30,712	1.48%
AIGスター生命保険	25,310	1.22%
オリックス生命保険	23,664	1.14%
日本マスタートラスト信託銀行（信託口）	21,640	1.04%
常陽銀行	20,552	0.99%
計10社	389,992	18.82%

②大口投資主への偏り

　JREITの大口投資主を見ると，上位10社だけで次のような持株比率になっている。

上位投資主 10 社の持株比率

銘柄名	証券コード	持株比率
NBF	8951	33.48%
JRE	8952	31.28%
JRF	8953	31.73%
OJR	8954	27.80%
JPR	8955	42.09%
PIC	8956	30.80%
TRI	8957	37.61%
GOR	8958	28.44%
NOF	8959	29.40%
UUR	8960	28.74%
MTR	8961	48.91%
NRIC	8962	23.71%

　次に，JREIT12銘柄が発表している大口投資主を名寄せしてみると，公表されている大口投資主は68社で，持株比率は38.48%になっている。

更に，投資法人のスポンサー（オリジネーター）の持株比率を見ると，銘柄によっては，かなり高い比率を持っている。

銘柄名	証券コード		持株比率
NBF	8951	スポンサー3社の保有口数比率	12.96%
JRE	8952	スポンサー2社の保有口数比率	7.02%
JRF	8953	スポンサー1社の保有口数比率	5.00%
OJR	8954	スポンサー1社の保有口数比率	10.10%
JPR	8955	スポンサー2社の保有口数比率	13.39%
PIC	8956	スポンサー2社の保有口数比率	8.30%
TRI	8957	スポンサー2社の保有口数比率	10.00%
GOR	8958	スポンサーは上位投資主に登場しない	
NOF	8959	スポンサー1社の保有口数比率	7.01%
UUR	8960	スポンサー1社の保有口数比率	2.14%
MTR	8961	スポンサー2社の保有口数比率	30.00%
NRIC	8962	スポンサー1社の保有口数比率	2.52%

＜JREIT出資口の流動性について＞

前述の大口投資主や国内金融機関の保有出資口は長期保有でインカムゲイン目的の投資であり，市場で頻繁に売買されることがないので，JREITの発行済投資口数の，おおよそ，60％は固定されているとも言える。

これらは信用取引を通じて一部は市場で売買されるものの，JREITの実際の市場流動性は，発行済投資口数の半分以下だと考えられる。

＜投資法人側の対策＞

JREITの投資主構成の偏りについては以前より指摘があり，増資の際などには公募口数の過半数を個人投資家に割り当てる等個人投資家のシェアーを増やす施策を取っている。

一方，大口投資主側（金融機関等）も自らのシェアーが大き過ぎると決算期の益出し等で株価が下落する懸念もある為，個人投資家の保有比率を高めるよう投資法人側に要望している。

現状のJREIT投資主を見ると，金融機関や一般法人は保有口数も多いこ

とから中長期の保有姿勢で配当金期待の投資スタンスになっているが、一人当りの保有口数が平均1.5口程度の個人投資家は、株価が上昇した時点でキャピタルゲインを得た方が投資収益を大きく出来る為、JREIT株価が好調時は売り越しになる傾向があり、投資主構成の偏りの課題は解決されにくい問題でもある。

> 2004年8月にビー・アール総研㈱がJREITの個人投資家を対象にしてアンケート調査を行ったが、その結果でも、3年分の配当金に相当する株価の値上りがあれば売却するとの回答が多く、JREIT株価の好調さが却って個人投資家の売り越しを招く皮肉な結果にもなっている。

4．JREIT株価の推移

次のグラフを見ると、JREITの株価は、登場時の2001年9月から2002年までは低迷していたが、2003年から上昇基調に入った。

2002年末に全銀協よりJREITの会計処理基準が出され、従来、JREIT投資をB/S（バランスシート＝貸借対照表）上どの項目に分類するか不明確であったのを、「その他の投資」に区分すると明確化された事で、優良な貸出先が少なく預金の投融資先に困っていた地方銀行等が積極的にJREIT投資を始めたことが主因である。

また、JRE、NBFが投資法人債発行の為に格付けを取得したり、MSCI銘柄（モルガン・スタンレーによる国際投資指数の算出銘柄）に組み込まれたりした事で、投資商品としての認知が高まった事もある。

2003年からは、短期的に株価は上下しながらもトレンドとしては右肩上がりで推移しており、特に、2004年4月～5月に全銘柄の株価が大きく上昇した。

この時期はJREITを対象にしたファンド・オブ・ファンズの設定が相次ぎ、市場から相当量買い付けた事が原因と考えられるが、その後もファン

ド・オブ・ファンズがJREITの新たな買い手としてシェアーを伸ばしており，株価上昇の一因にもなっている。

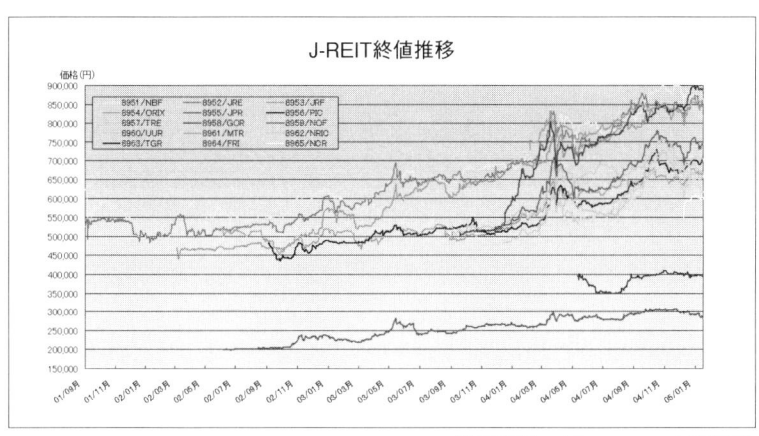

（資料提供；ビー・アール総研㈱）

（上場時公募価格＝100）

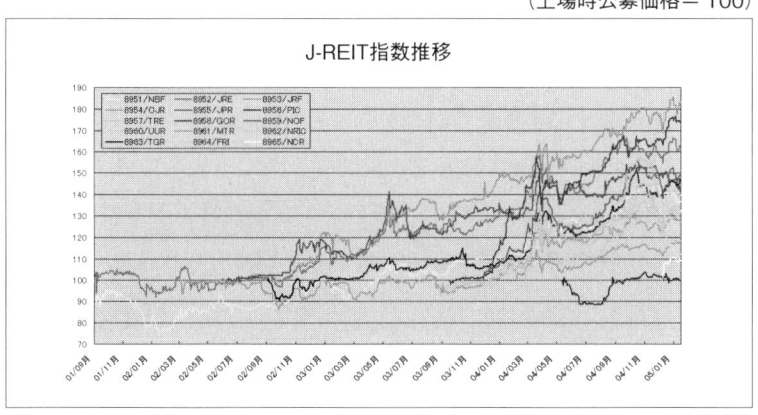

（資料提供；ビー・アール総研㈱）

(1) JREITの市場取引の傾向

　JREITの登場と時期を同じくして，インターネットを利用した株式取引が台頭し，売買手数料が割安になった事と，個人でもネット取引を通じてデイ・トレードが可能になった事で，所謂，ネット投資家と呼ばれる個人投資家もJREIT投資に加わるようになった。

　これらの個人投資家はインターネットを通じて回転売買を行う事で，キャピタルゲインを求めており，2003年頃からJREITの短期的な値動きに対応した以下の取引が目立つようになった。

・配当金の権利確定日を挟んで株価が変動する時期を狙っての売買
　決算期の配当金の受領権が消滅する権利確定日以降に，一旦，株価が下がり，その後次の権利日まで徐々に株価が戻る傾向にあった為，権利確定日を挟んで売買を行う事でキャピタルゲインを得る取引。

・次期予想配当金による配当率の上方修正を期待しての取引
　JREITの各銘柄は決算発表時に次期の予想配当金も公表するが，期中に新たに物件を取得する事で，予想配当金が上昇する可能性がある為，投資法人の物件取得を見て株価の値上りを期待して行う取引。

　これらの取引は必ずしも個人投資家に限った事ではないが，大口投資主である金融機関や一般法人は，主に株式市場や債券市場の動きによるリバウンド先としてJREIT投資を行う傾向がある。

　特に，株式市場が低迷していた2003年には，逆相関関係にある債券市場への投資と相関関係の小さいJREIT投資に分散を始めた事で，日経平均が下落するとJREIT投資が増えるという傾向が出ている。

①ファンド・オブ・ファンズの動きによる株価の変動

　投信協会の自主規制により，従来のファンド・オブ・ファンズでは組み込める率に，一銘柄5％という制限があった為JREITのみを対象にしたファンド・オブ・ファンズは銘柄数不足で成立しなかった。

　このルール改正をJREITが投信協会に働きかけた事で，2003年7月に制限が緩和（1銘柄30％以内）されてJREITのファンド・オブ・ファンズが組成できるようになった。この結果，2004年から毎月分配型のJREITファンド・オブ・ファンズの組成が活発化した事で，JREITの新たな買い手として台頭してきた。

　ファンドの設定規模は数十億円単位が多いが，この規模でもJREITの時価総額ではかなりの影響があり，ファンド・オブ・ファンズの買いにより，1日で1万円以上上昇するような値動きが生じた。

　また，JREITだけでなく，債券や株式と混合でJREITに投資するファンド・オブ・ファンズもあるので，他の組み込み商品の下落による益出しの為のJREIT売りもあり，ファンド・オブ・ファンズの動きによる価格変動も生じ始めている。

　2004年～2005年にかけてもファンド・オブ・ファンズの資産規模は拡大しており証券会社系だけでなく信託銀行系の設定も増えており，2005年4月のペイオフ全面解禁を睨んでの金融・証券界の動きが活発化している。

※ファンド・オブ・ファンズ；
　複数の投資信託商品を組み合わせて組成される投資信託商品で，投資額は1万円単位の設定にもなり，JREIT投資家の裾野を広げる効果も期待されている。

② その他の株価変動要因

　JREIT の投資主で持株比率が5％を超えている大口投資主の売買状況を届出させる方向で検討されている事で，オリジネーターとなったスポンサー企業が保有出資口の売却に動いており，この売り圧力で一時的に株価が下がる事がある。
　また，現在，JREIT にはインサイダー取引規制が適用されておらず，投資法人側の自主ルールのみの規制になっている。
　このインサイダー規制も近い将来適用される方向なので，JREIT 周辺関係者の保有する出資口が売却されると考えられる。

(2) JREIT の株価形成要因

　現在の株価は以下の要因で動いていると考えられる。

＜配当率＞
　JREIT はインカムゲイン目的の投資商品なので，配当率が重視される事は当然ではあるが，現状では，次期ないし次々期の，半年～1年程度のスパンの配当率によって株価が動く傾向がある。

＜設立母体となったオリジネーターのブランド力＞
　JREIT 投資法人は，資産的に見ればオリジネーターからは切り離された存在ではあるが，資産運用会社への人員派遣や取得物件の供給を通じて密接に結び付いている為，オリジネーターの業種や信用力等が銘柄評価の根拠になっている傾向がある。

証券コード	投資法人名 資産運用会社名	主たるオリジネーター	株価ランク
8951	日本ビルファンド投資法人（NBF） 日本ビルファンド・マネジメント	三井不動産・住友生命	Aランク
8952	ジャパンリアルエステイト投資法人（JRE） ジャパンリアルエステイトマネジメント	三菱地所・東京海上火災保険 第一生命・三井物産	Aランク
8953	日本リテールファンド投資法人（JRF） 三菱商事・UBSリアルティ	三菱商事	Aランク
8954	オリックス不動産投資法人（OJR） オリックス・アセット・マネジメント	オリックス	Cランク
8955	日本プライムリアルティ投資法人（JPR） 東京リアルティ・インベストメント・マネジメント	東京建物・大成建設 明治安田生命	Bランク
8956	プレミア投資法人（PIC） プレミア・リート・アドバイザーズ	中央三井信託 ケン・コーポレーション	Bランク
8957	東急リアル・エステート投資法人（TRI） 東急リアル・エステート・インベストメント・マネジメント	東急電鉄・東急不動産	Bランク
8958	グローバル・ワン投資法人（GOR） グローバル・アライアンス・リアルティ	明治安田生命・東京三菱銀行 三菱信託銀行・近畿日本鉄道	Aランク
8959	野村不動産オフィスファンド投資法人（NOF） 野村不動産投信	野村不動産	Bランク
8960	ユナイテッド・アーバン投資法人（UUR） ジャパン・リート・アドバイザーズ	トリニティLLC 丸紅	Cランク
8961	森トラスト総合リート投資法人（MTR） 森トラスト・アセットマネジメント	森トラスト	Aランク
8962	日本レジデンシャル投資法人（NRIC） パシフィック・インベストメント・アドバイザーズ	パシフィック・マネジメント	Cランク
8963	東京グロースリート投資法人（TGR） パワー・インベストメント	東京リート・HS証券	Cランク
8964	フロンティア不動産投資法人（FRI） フロンティア・リート・マネジメント	日本たばこ産業	Cランク
8965	ニューシティ・レジデンス投資法人（NCR） シービーアールイー・レジデンシャル・マネジメント	CBREインベスターズ・CSK	Cランク

＜保有資産のセクター（用途）による序列評価＞

　JREITの保有資産を用途別に見ると次のようになっている（平成16年12月末現在）。

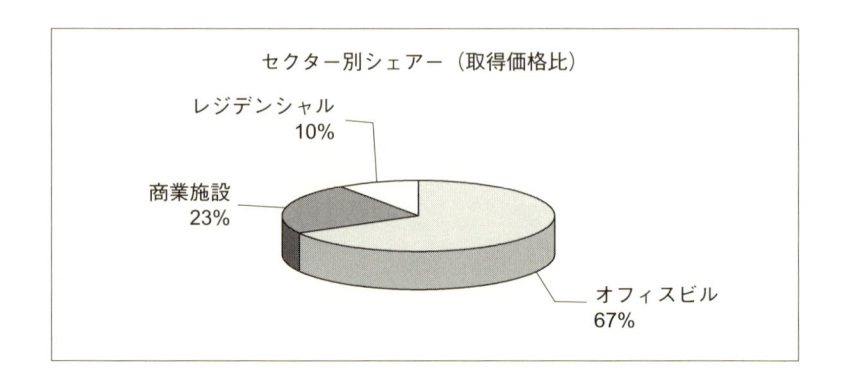

セクター別シェアー（取得価格比）
- レジデンシャル 10%
- 商業施設 23%
- オフィスビル 67%

　取得価格ベースで見ると，保有資産の用途はオフィスビルに偏った状態にある。

　この理由としては，オフィスビルは地区別賃料水準や空室率データ等が定期的に公表されており，オフィスマーケットの状況や見通しが把握しやすい点が挙げられる。

　証券アナリスト等にとっても，オフィスビルについては専門会社（生駒商事，三鬼商事等）から市場データ等が比較的簡単に入手出来る事や立地序列が確立されている等によって評価しやすいという面もあり，投資対象をオフィスビルにした場合，他の用途に比べて不確実性が小さいという事もある。

　商業施設は，市場データ等は存在しないが，JREITではテナントと長期賃貸借契約を締結して，収益の安定性と確実性を確保している事でオフィスビルに次ぐ評価を得ている。

　レジデンシャル（賃貸マンション）は，市場データはあるが一般的には入手しにくいのと，オフィスビルのようにインデックスとして使えるレベルまで整備されていない事もあり，市場の見通しが難しいこともあって，最も低い評価となっている。

　不動産投資として見れば，必ずしも，レジデンシャルの投資リスクは高くはないが，投資商品としての不確実性という面では，以上のような序列に

なっている。

・用途別による現状の市場評価

JREIT銘柄ではオフィス専門REITが高い株価を付ける傾向にあり，次いで，商業施設専門REIT，その次が複合用途REIT，最も評価が低いのがレジデンシャル（住宅）専門REITという序列になっている。

＜投資法人の財務内容＞

財務内容の評価では，主にLTV（Loan To Value＝有利子負債比率）の数値を重視しており，おおよそ30％台の率を維持する財務戦略を採っている銘柄が高く評価される傾向にある。

但し，商業施設を保有している場合，受入保証金・敷金が他の用途に比べて多額になり，この資金を取得資金に流用する事で，LTVが低くなるので，LTVによる評価は，オフィスビル系とレジデンシャル系の銘柄の傾向とも言える。

(3) JREIT投資家の動き

JREIT市場の動向を見ていると，2003年〜2004年初頭までは前述の株価形成要因が当てはまっていたが，銘柄数の増加とともに，少しずつ投資家の見方も変化しており，各銘柄を客観的に比較する動きが出てきた。

これは，上場銘柄の増加により，同種の特徴を持った投資法人が現れた事もあるが，投資法人側が競争を意識して動き始めたことにも原因があり，今後もこの傾向は加速されると考えられる。

但し，現状では銘柄間の詳細な比較データが一般に流布していない事もあって，このような投資家ニーズに応えられていないが，大口投資家を中心として銘柄比較情報に対する要望が高まっているので，市場情報の整備が急務になっている。

JREIT比較データ入手一覧

Webサイト名	URL	閲覧費用	提供機関
不動産証券化商品検索サイト	http://www.spc-reit.com/	閲覧無料（但し，一部データの閲覧には会員登録要）	ビー・アール総研㈱
JREIT VIEW	http://www.ares.or.jp/	閲覧無料	㈳不動産証券化協会
REIT DATAサイト	http://www4.plala.or.jp/real-estate/	有料会員制サイト	著者主宰サイト

　上記のデータ提供の中で，個人投資家から大口投資家まで幅広く利用されているのは「不動産証券化商品検索サイト」であり，JREITのイベント（新規上場速報・増資情報・物件取得情報等）情報がタイムリーに提供されている。

　また，「REIT DATAサイト」には専門的な情報や各銘柄の詳細な比較データも提供されているが，こちらは月額制の有料サイトとなっている為，大口投資家やJREIT関連プレイヤー向けになっている。

5．JREIT投資のインデックス

　JREITのインデックスとしては，株価の動きを表すものとして東証REIT指数がある。これは，JREIT側より東証に対してTOPIXにJREITを組み込むよう要望があった事を受け，東証が2003年4月に株式とは異なる指標としてREIT指数を作成し公表している。次に，JREIT投資のインデックスとしては，次の2つがあるが現時点では一般化していない。

・スタンダード＆プアーズ（S&P）のREITインデックス
　世界10ヶ国に上場する210銘柄の不動産投資信託（REIT）及び同様の制度に基づく銘柄の浮動株修正時価総額に基づいて毎日算出されるインデックス。

・㈱住信基礎研究所の「STBRI JREIT インデックス」

米国 REIT の代表的インデックスである NAREIT インデックスと同様の方式で算出されるインデックスで，JREIT 登場の 2001 年 9 月 10 日を基準日として，毎日の収益率を累積していく累積投資収益率の指標。配当込み，配当なし，予想配当利回りの 3 つのインデックスとセクター別のインデックスも算出される。

以上のように，格付機関やシンクタンクからインデックスが公表されるようになってから日は浅いが，JREIT 投資の判断基準としては，「リスク・スプレッド」と「NAV との乖離率」が用いられる傾向がある。

(1) リスク・スプレッド

投資商品の元本リスクを見る為の指標で，元本リスク 0 の国債の利回りと比較した乖離幅（JREIT では 10 年物国債との比較を使う）によって，ネット利回りを算出して比較する手法。

日本の投資市場では，投資商品毎のスプレッドが標準化されてはいないが，JREIT では，2％台前半のスプレッドが市場のコンセンサスになりつつある。

実際に JREIT の各銘柄の株価（2004 年 12 月末の終値）を使ってこのリスク・スプレッドを算出すると次のようになる。

リスク・スプレッド一覧

証券コード	銘柄名	略称	平成16年12月30日の終値(単位；円)	予想利回り(年換算)	リスク・スプレッド①(JGB＝1.50%と想定)	リスク・スプレッド②(JGB＝2.00%と想定)
8951	日本ビルファンド投資法人	NBF	874,000	3.75%	2.25%	1.75%
8952	ジャパンリアルエステイト投資法人	JRE	864,000	3.56%	2.06%	1.56%
8953	日本リテールファンド投資法人	JRF	865,000	3.40%	1.90%	1.40%
8954	オリックス不動産投資法人	OJR	680,000	3.83%	2.33%	1.83%
8955	日本プライムリアルティ投資法人	JPR	294,000	4.08%	2.58%	2.08%
8956	プレミア投資法人	PIC	700,000	4.00%	2.50%	2.00%
8957	東急リアル・エステート投資法人	TRI	704,000	3.55%	2.05%	1.55%
8958	グローバル・ワン投資法人	GOR	895,000	4.51%	3.01%	2.51%
8959	野村不動産オフィスファンド投資法人	NOF	758,000	3.69%	2.19%	1.69%
8960	ユナイテッド・アーバン投資法人	UUR	689,000	3.92%	2.42%	1.92%
8961	森トラスト総合リート投資法人	MTR	855,000	3.92%	2.42%	1.92%
8962	日本レジデンシャル投資法人	NRIC	665,000	3.40%	1.90%	1.40%
8963	東京グロースリート投資法人	TGR	395,000	3.88%	2.38%	1.88%
8964	フロンティア不動産投資法人	FRI	648,000	3.51%	2.01%	1.51%
8964	ニューシティ・レジデンス投資法人	NCR	605,000	3.21%	1.71%	1.21%

　上表は，上場15銘柄の株価に対する予想利回りから，10年物長期国債の実勢利回りを引いてネット利回りを算出しているが，これはリスク・スプレッドとは元本毀損リスクを控除した後の利回りという考え方に拠っている。

　仮に，投資商品毎に必要とされるリスク・スプレッドが定まっていれば，異なる投資商品間での比較が可能なので便利な指標ではあるが，標準スプレッドの率が定まっていない為に，同一商品間での比較に使われている。

　JREITのスプレッドは，リスク・スプレッド①では1.71%～3.01%の間に分布していて，社債等と比べると高い利回りがある事が分かる。

　市場株価にはこの考え方が反映されている面が窺え，国債利回りと連動した株価の動きも見せているが，一方では，JREITは債権や株式などの伝統的投資商品との相関度が低いとも言われていて投資指標として定着はしていない。

(2) NAV = Net Asset Value との乖離率

　NAVとは総資本額から投資法人債と借入金を差し引いた純資産価値であり，これを発行済投資口数で割って1口当たりのNAVを算出し，株価との乖離率を比較する見方である。

株価とNAVとの乖離率

証券コード	銘柄名	略称	平成16年12月30日の終値（単位；円）	NAV（1口当の純資産価値 単位；円）	株価とNAVの乖離率
8951	日本ビルファンド投資法人	NBF	874,000	545,641	60.18%
8952	ジャパンリアルエステイト投資法人	JRE	864,000	527,185	63.89%
8953	日本リテールファンド投資法人	JRF	865,000	543,781	59.07%
8954	オリックス不動産投資法人	OJR	680,000	504,140	34.88%
8955	日本プライムリアルティ投資法人	JPR	294,000	213,322	37.82%
8956	プレミア投資法人	PIC	700,000	481,777	45.30%
8957	東急リアル・エステート投資法人	TRI	704,000	525,634	33.93%
8958	グローバル・ワン投資法人	GOR	895,000	510,974	75.16%
8959	野村不動産オフィスファンド投資法人	NOF	758,000	513,266	47.68%
8960	ユナイテッド・アーバン投資法人	UUR	689,000	480,007	43.54%
8961	森トラスト総合リート投資法人	MTR	855,000	516,503	65.54%
8962	日本レジデンシャル投資法人	NRIC	665,000	485,445	36.99%
8963	東京グロースリート投資法人	TGR	395,000	372,864	5.94%

※ NAVは平成16年12月末現在の直近決算期で発表された数字を使用

　株価がNAVを上回っている状態をプレミアム，逆に，下回っているとディスカウントとなる。

　NAVは，投資法人が決算期毎に不動産鑑定評価をベースにして発表する金額であるが，JREITのNAVは擬似解散価値と言われ，投資法人の解散等による資産売却によってエクイティ投資家に戻される理論的上限値を表わしていると考えられる。

　従って，NAVと株価の乖離率は，リスク・スプレッドと同じ考え方にあり，保全される元本価値に対してどの程度のリスクが存在するかという見方

になる。

　上の表の乖離率は，50％を超えている銘柄も多く，US-REITの標準的数値である35％を遙に超えてしまっている為，現在は省みられていない。

　純資産価値は投資法人が決算期毎に公表するので，この見方はリスク・スプレッドより分りやすい面があるものの，純資産価値の算定には投資法人が起用する特定の不動産鑑定士による不動産鑑定評価が用いられている為に客観性に乏しいという問題がある。

　また，日本での不動産取引では不動産鑑定評価が市場価格に影響を与える事は少なく，実際の取引では不動産鑑定評価額とは関係なく価格が形成される傾向がある為，実際の価値を表していないという見方にもなり，株価とNAVとの乖離率は客観性が乏しいとも言える。

① JREITが使う不動産鑑定手法

　JREITが不動産取得時や期末評価額算定の際に採用している不動産鑑定手法は収益還元法となっている。

　収益還元法とは不動産から生じる収益を基にして不動産価値を算出する手法であるが，特に，DCF（Discount Cash Flow）と呼ばれる算定方式が多用されている。

＜DCF法＞

　DCF法とは対象となる不動産から生じる10年分の賃貸収益（賃貸売上－賃貸費用）を想定で算出し，各年の賃貸収益を一定の割引率（キャップレート＝基準金利＋リスクプレミアムにより算出）で，現在価値に割戻して，10年間の賃貸収益の現在価値合計額を算定する。

　これに，10年後に不動産を売却する想定金額を加えた額との総和が鑑定価格となる。この計算を簡単に説明すると，複利計算の逆の方法で，現在価値を算出しており，例えば，来年に入る1万円の現在価値は6％の割引率で戻すと，9400円，再来年の1万円は8900円というように，将来の収益を

割引率を使って現在価値に戻して，10年間分の収益を積算する。

そして10年後に売却出来ると考えられる価格を算出して，期間収益（インカム）と売却金額（キャピタル）を足した価格がDCF法による価値となる。この鑑定評価手法のポイントは3つ。

・期間収益の算定

評価時点では予想賃貸収支に基づいて，年間の賃貸収益を算出するが，必ずしも実際の賃貸収益とは合致しないので，算定金額に誤差が生じる。

・割引率

期間収益を現在価値に割り戻す割引率によって算出価値が変化するが，この率には一定の基準がなく，鑑定評価者によって割引率の設定が異なっている。

・10年後の売却金額

10年後の売却算定金額は，割引率に一定の率を加算したターミナルキャップレートで，10年目の予想期間収益を割って売却金額を算定するが，基準のない割引率に，更に，これも基準のない加算率を加えるので，単なる机上の計算値となる。

特に，築年数の経た建物では，売却時は土地価格のみで取引される実態を見ると，より実現性が小さくなるとも言える。

以上のようにDCF法は，計算上の不動産価値であり，必ずしも実現性があるとは言えないが，米国REITで使われている手法なので導入したという側面がある。

また，投資価値を算出する方法としては他に有効な手法もなく，元々，将来の価値を予測する事自体困難なので，現在は，この鑑定手法を採用している。

他にも，ダイナミックDCF法のように，価値の変動要素を取り入れて一定の幅で価値を算出する手法もあるが，日本の不動産市場の価格形成要素が

不明確であり，また，鑑定評価と実際の市場価格は連動していないという現実もあるので，あくまでも，参考価格情報として考える必要がある。

(3) その他の投資判断指標

投資判断に際しては数値的な指標で比べる以前に，それぞれの銘柄が保有している不動産が投資対象として適格であるか否か，また，取得価格の客観的妥当性があるか等の不動産投資の視点での判断が必要となる。

不動産投資分析には，インデックスが存在せず，個々の保有不動産の質とポートフォリオ全体の質を吟味し，他銘柄との比較で判断せざるを得ないが，今のところ，この比較分析は，筆者が公表している各銘柄の評価書のみである（会員制有料サイトと月刊プロパティマネジメント誌を通じて新規上場銘柄の評価書を公表）。

従って，新規上場銘柄の適格性判断に，この評価書が用いられる傾向がある。

＜評価書サンプル＞

参考までに，2004年12月に東証に上場したニューシティ・レジデンス投資法人の評価書を掲載するので参考とされたい。

ニューシティ・レジデンス投資法人（略称；NCR）の目論見書からの分析と解説

（REITアナリスト　山崎成人）

　JREIT15番目として登場したニューシティ・レジデンス投資法人は，日本レジデンシャル投資法人（証券コード：8962）に次ぐ，レジデンシャル特化型銘柄です。

　先行銘柄と比較したレジデンシャルの特徴として，特に際立って異なる点はありませんが，主たる投資対象地域をやや広範囲な東京圏としている事と，1物件当りの取得価格1億円以上にしている等，幅広い投資対象を設定している事です。

　本投資法人はCB・リチャード・エリス系として以前よりJREIT進出が予想されていましたが，金融庁の認可にやや時間が掛かったようで，漸く年末に上場予定となりました。

　発表された内容を見ると，CB・リチャード・エリス・インベスターズ㈱に加えてNCC・ホールディングス・デラウェアLLCがオリジネーターに名を連ねていて，他に国内法人の㈱CSKとみずほ信託銀行，UFJ信託銀行が参加する形になっています。

　資産運用会社であるCBREレジデンシャル・マネジメント㈱の構成を見ると，外資系ということ事もあって，オリジネーターより派遣されたと目される人員は見当たらないので，恐らく，オリジネーターは物件供給のみであったと思われます。

　その他の特徴としては，資産運用体制の一環として専属のプロパティマネジメント会社であるニューシティエステートサービスを新設し，資産運用会社と一体となったPM業務を展開するという新しい試みもされていて，レジデンシャル資産の運用を研究した後も伺えます。

　また，NCRにとっては，上場が遅れた事で，先行している日本レジデンシャル投資法人の大型増資後になり，レジデンシャルセクターが市場に認められとも言える状況の中での上場発表になったのは，結果として，追い風ではないかと思われます。

　但し，今秋は，グローバル・ワン不動産投資法人，ユナイテッド・アーバン投資

法人，日本レジデンシャル投資法人の増資が相次ぎ，既に，市場から1100億円をも調達した後ですので，年内に，更に400億円規模の調達が可能か否かは，JREIT市場の潜在力を測る事にもなりそうです。

　一方，投資家にとっては，ニューシティ・レジデンス投資法人とはどのような特徴を持った銘柄なのか，先発銘柄と比較してどうなのかという点が関心事だと思いますので，本評価書では組成資産の特徴を中心にして他銘柄との比較を行う事とします。

　なお，レジデンシャル銘柄に対する投資家の視点ついては日本レジデンシャル投資法人の上場時の評価書にも記載しましたが，今回も，改めて触れていますので，併せてご参考にして下さい。

「投資家から見る住宅REITの特徴について」

　住宅REITは，主として投資対象不動産を賃貸マンションとするので，次の事が言える。

①収益源となる住宅賃料は他のセクターに比べると長期安定的であり変動性も小さくなる。

　元々，住宅需要は保守的な傾向が強い事に加えて過去の賃料相場の変動も小さく，また，外人賃貸等の一部の賃貸住宅を除けば，賃料水準（単価と総額の両面）の格差が小さいという点が挙げられる。

　即ち，一定のレベルに達した賃貸住宅の収益のボラテイリティは他のセクターに比べると需要の保守性からも極端に小さいとも言える。

②住宅賃貸経営は内部成長余力も少なく，また，派手な外部成長もなく，只管，安定化だけを求める方向となる。

　賃貸住宅はオフィスビルに比べると建物共用部分の比率も小さく，大型な共用設備も持たない為管理費のコストダウンの幅が小さいという点がある。

　また，稼働率の上下も小さく，95％前後で安定するという傾向がある。

　一方，住宅価格は分譲住宅市場によってリードされている為に，一定レベルにある賃貸住宅を投資法人が割安で取得出来る機会はほとんどないとも言える。

③投資家にとって住宅賃貸市場の情報提供は少ない。

　元々，賃貸住宅市場はローカルな要素が多い上に，個別物件の偏差が大きく，

市場全体としての見方が難しい事と，賃貸住宅データ等の分析レコードの蓄積がない事でオフィスマーケットのような情報が提供されていない。

従って，投資判断情報を一般的に入手する方法がないので，まずは，情報ソースの確保が必要となる。

④株式投資家やデイ・トレーダーからは敬遠される傾向にある。

元々，不動産（賃貸住宅）投資は，賃貸需要総量の変化が少なく，収益の変動性も小さい為，有価証券に変換しても株価の変動が小さいという事が挙げられる。

従って，短期鞘抜き型の投資対象としては大きな旨味がないので，現在のJREIT市場では相対的な評価が低くなる傾向がある。

⑤個人需要が対象となる賃貸住宅はAM・PM業務の重要性が他のセクターより高くなる。

個人需要は，法人需要とは違ってエクスキューズが少なく，且つ，質についてもシンプルな評価と動きになる為，賃貸市場の動きだけでなく賃貸経営主体の力量によっても競争力が変化する。

従って，稼働率が低下傾向にある物件は経営主体にも問題を抱えていると見る必要がある。

「住宅REITには2つの方向性がある」

前述したように住宅REITは賃料収益としての変動性も小さく，資産価値の増減も緩やかなので，キャピタルゲイン狙いの投資家の要求には応え難い為，米国REITの例で見るようにボンド・プロクシー（債券類似型）REITと成長型REITという2つの方向があります。

＜成長型REIT＞

毎期の賃貸キャッシュフローよりは，物件の入替え（転売）による売買益によってFFO（運用によるキャッシュフロー）の増加を図る運用方針を持ち，市場も外部成長期待で株価を先行的に上昇させるREITの事です。

賃貸収益に比べれば，売買益の額は大きいので，毎期物件の入替えを行えれば，投資家への配当金は多くなりますので，REITの中でもハイリスク・ハイリターン

の商品となります。

　日本では，私募ファンドに転売型のファンドがありますが，築年数の経た中古物件を安く買ってリニューアルを施してから，稼働率や賃料水準を上昇させて高値で転売するという手法となります。

　このような銘柄は，FFOの増加に不確定要素が大きいですから，様々な思惑で株価が上下しますので，日々の取引市場でキャピタルゲインを狙って取引する投資家が好みます。

　更に極端なのは，価値型（または反転型）REITと言って，最安値となっている銘柄の経営主体を入れ替える等して運用手法を改良の上資産価値の上昇を図り，一挙に株価を上昇させる，所謂，ジャンクREITという方向もあります。

　日本で例えれば，築20～25年以上経て老朽化していて稼働率も60％程度に低下している賃貸マンションを纏めて買い取って，外装や内装をリニューアルして，90％以上の稼働率に上げてから投資家に転売するファンドになります。

　なお，大阪証券取引所に上場している東京グロース・リート投資法人は成長型REITを目標としているようですが，今のところ，保有物件の売却は行っていません。

＜ボンド・プロクシーREIT＞

　住宅賃料の安定性と資産価値の変動性の少なさを利用して，長期安定的な配当を実現しようとするREITで，債券のような特徴を持っている事から債券類似型と言います。

　このREITではFFOの上昇も遅かったり，または，横這いという状態で，当初の配当率を維持するという事を主目的とした運用方針を取ります。

　債権投資に近いという意味からも，組み入れる物件の質は一定レベルを維持して，取得後のPM業務にも注力して賃借人の満足度を維持してテナントの安定性を図るという運用手法となります。

　従って，株価の変動も小さくなりますから，長期スタンスの投資家に好まれる銘柄でもあります。

「ニューシティ・レジデンス投資法人の方向は…」

　目論見書を見ると，比較的築年数の浅い物件主体とし，且つ，専属のプロパティマネジメント会社を新設する等，運用を主体としたボンド・プロクシー REIT の方向を目指していると考えられますが，問題は，組成資産の質が一定レベルに達しているか否か，専属の PM 体制が力を発揮出来るかがポイントになりますので，順次，その点を明らかにしたいと思います。

ニューシティ・レジデンス投資法人の募集要項

予定資産総額	60,983百万円
内投資口発行予定総額	36,400百万円
（国内募集分）	(36,400百万円)
（海外募集分）	―
投資口発行予定口数	72,800口
（国内募集分）	(72,800口)
（海外募集分）	―
公募価格（仮条件）	50万円～55万円／口
証券コード	8965
取引単位	1口
決算期（年2回）	2月・8月
初回予想配当額（1口）	13,824円（平成17年8月期）
運用会社	シービーアールイー・レジデンシャル・マネジメント㈱
運用会社の株主	CB・リチャート・エリス・インベスターズ㈱（42.5%） NCC・ホールディングス・デラウェア LLC（42.5%） ㈱CSK（10.0%）等

ニューシティ・レジデンス投資法人物件一覧（上場時）

物件番号	資産内容	物件名称	所在地	建物構造 建物容積率	竣工時期	土地面積（㎡） 土地面積（坪） 敷地所有権割合	
1	信託受益権	NCR新宿壱番館	東京都新宿区北新宿1丁目19－12	RC造7F	平成14年5月	1,018.29	㎡
		（シングルタイプ100%）				308.03	坪
				251.23%		100.00%	
2	信託受益権	NCR新宿弐番館	東京都新宿区北新宿1丁目21－16	RC造6F	平成14年4月	779.81	㎡
		（シングルタイプ100%）				235.89	坪
				144.89%		100.00%	
3	信託受益権	NCR市谷左内町	東京都新宿区市谷左内町21番地	RC造4F B1	平成12年9月	427.61	㎡
		（シングルタイプ100%）				129.35	坪
				228.86%		100.00%	
4	信託受益権	NCR門前仲町	東京都江東区福住1丁目17－12	RC造9F	平成12年9月	187.56	㎡
		（シングルタイプ100%）				56.74	坪
				646.28%		100.00%	
5	信託受益権	NCR船橋本町	千葉県船橋市本町4丁目4－8	SRC造10F B1	平成9年3月	462.84	㎡
		（シングルタイプ100%）				140.01	坪
				394.52%		100.00%	
6	信託受益権	NCR西船橋	千葉県船橋市西船4丁目19－16	SRC造10F	平成13年3月	657.99	㎡
		（シングルタイプ100%）				199.04	坪
				284.06%		100.00%	
7	信託受益権	NCR舞浜	千葉県浦安市富士見5丁目14－17	RC造6F	平成15年3月	696.88	㎡
		（シングルタイプ100%）				210.81	坪
				204.16%		100.00%	
8	信託受益権	NCR市川妙典	千葉県市川市塩焼2丁目14－20	RC造5F	平成15年3月	636.21	㎡
		（シングルタイプ）				192.45	坪
		（シングルタイプ100%）		201.84%		100.00%	
9	信託受益権	NCR浦安	千葉県市川市新井3丁目30－4	RC造5F	平成15年2月	553.00	㎡
		（シングルタイプ100%）				167.28	坪
				205.78%		100.00%	
10	信託受益権	NCR南行徳Ⅰ	千葉県市川市南行徳4丁目1－26	RC造5F	平成15年3月	530.49	㎡
		（シングルタイプ100%）				160.47	坪
				205.73%		100.00%	
11	信託受益権	NCR南行徳Ⅱ	千葉県市川市南行徳4丁目1－5	RC造6F	平成15年3月	377.96	㎡
		（シングルタイプ100%）				114.33	坪
				214.37%		100.00%	
12	信託受益権	NCR野毛山	横浜市中区日ノ出町1番6号	RC造6F	平成12年9月	626.99	㎡
		（シングルタイプ100%）				189.66	坪
				132.51%		100.00%	
13	信託受益権	LM東青梅第三	東京都青梅市東青梅6丁目10－2	RC造7F	平成4年5月	1,057.87	㎡
		（シングルタイプ100%）				320.01	坪
				197.59%		共有持分	
14	信託受益権	NCR日本橋ウエスト	東京都中央区日本橋蛎殻町1丁目38－16	SRC造12F	平成15年4月	354.16	㎡
		（シングルタイプ75%）				107.13	坪
		（コンパクトタイプ25%）		670.54%		100.00%	
15	信託受益権	NCR日本橋イースト	東京都中央区日本橋蛎殻町2丁目8－13	RC造10F	平成15年4月	343.01	㎡
		（シングルタイプ60%）				103.76	坪
		（コンパクトタイプ40%）		691.12%		100.00%	
16	信託受益権	NCR上池台	東京都大田区上池台1丁目4－15	S造4F	平成14年3月	242.73	㎡
		（シングルタイプ57%）				73.43	坪
		（コンパクトタイプ43%）		173.62%		借地権	
						8,953.40	㎡
小計		16物件				2,708.40	坪
		（シングルタイプ）		261.45%		100.00%	
17	信託受益権	NCR南青山	東京都港区南青山6丁目10－9	RC造14F	平成14年8月	453.88	㎡
		（コンパクトタイプ100%）				137.30	坪
				901.39%		100.00%	
18	信託受益権	NCR銀座ツインⅡ	東京都中央区入船2丁目6－4	SRC造12F	平成15年9月	212.30	㎡
		（コンパクトタイプ100%）				64.22	坪
				668.42%		100.00%	

II. JREITの動向

建物面積(㎡)	賃貸可能面積		鑑定価格		賃料収入		賃貸NOI		利益率	推定概算		年間粗利回り	テナント数
建物面積(坪)	総賃貸面積		取得価格		稼働率(H16.7末)					賃料		年間NOI利回り	総戸数
建物所有権割合	レンタブル比		取得価格構成比		稼働日数								稼働戸数
2,558.28 ㎡	2,235.58	㎡	1,978	百万円	33,617	千円	24,919	千円	74.1%	15.06	千円/月/坪	5.08%	1
773.88 坪	1,748.55	㎡	1,978		78.2%							3.77%	105
100.00%	87.39%		3.24%		122	日							82
1,129.86 ㎡	1,024.49	㎡	889	百万円	15,378	千円	10,959	千円	71.3%	15.19	千円/月/坪	5.18%	1
341.78 坪	802.41	㎡	889		78.3%							3.69%	41
100.00%	90.67%		1.46%		122	日							32
978.63 ㎡	694.16	㎡	577	百万円	10,054	千円	7,206	千円	71.7%	13.53	千円/月/坪	5.21%	1
296.04 坪	533.59	㎡	577		76.9%							3.74%	21
100.00%	70.93%		0.95%		122	日							16
1,212.17 ㎡	887.94	㎡	524	百万円	12,193	千円	9,383	千円	77.0%	10.99	千円/月/坪	6.96%	1
366.68 坪	887.94	㎡	524		100.0%							5.36%	31
100.00%	73.25%		0.86%		122	日							31
1,826.01 ㎡	1,496.40	㎡	1,083	百万円	33,110	千円	30,033	千円	90.7%	14.63	千円/月/坪	9.15%	1
552.37 坪	1,496.40	㎡	1,083		100.0%							8.30%	86
100.00%	81.95%		1.78%		122	日							86
1,869.09 ㎡	1,597.32	㎡	997	百万円	21,558	千円	13,961	千円	64.8%	11.01	千円/月/坪	6.47%	1
565.40 坪	1,557.88	㎡	997		97.5%							4.19%	81
100.00%	85.46%		1.63%		122	日							79
1,422.75 ㎡	1,287.72	㎡	844	百万円	23,659	千円	21,493	千円	90.8%	11.89	千円/月/坪	8.39%	1
430.38 坪	1,287.72	㎡	844		100.0%							7.62%	61
100.00%	90.51%		1.38%		122	日							61
1,284.11 ㎡	1,218.00	㎡	769	百万円	22,377	千円	20,447	千円	91.4%	12.12	千円/月/坪	8.71%	1
388.44 坪	1,218.00	㎡	769		100.0%							7.95%	58
100.00%	94.85%		1.26%		122	日							58
1,137.97 ㎡	1,074.53	㎡	653	百万円	19,125	千円	17,427	千円	91.1%	11.77	千円/月/坪	8.76%	1
344.24 坪	1,074.53	㎡	653		100.0%							7.98%	51
100.00%	94.43%		1.07%		122	日							51
1,091.40 ㎡	1,031.81	㎡	648	百万円	17,942	千円	16,234	千円	90.5%	11.94	千円/月/坪	8.28%	1
330.15 坪	989.74	㎡	648		95.9%							7.50%	49
100.00%	94.54%		1.06%		122	日							47
810.22 ㎡	724.63	㎡	447	百万円	12,753	千円	10,748	千円	84.3%	12.07	千円/月/坪	8.54%	1
245.09 坪	641.91	㎡	447		88.6%							7.19%	35
100.00%	89.44%		0.73%		122	日							31
830.85 ㎡	744.90	㎡	469	百万円	9,424	千円	5,984	千円	63.5%	10.13	千円/月/坪	6.01%	1
251.33 坪	720.07	㎡	469		96.7%							3.82%	30
100.00%	89.66%		0.77%		122	日							29
2,090.29 ㎡	659.03	㎡	175	百万円	4,634	千円	1,636	千円	35.3%	6.71	千円/月/坪	7.92%	1
632.31 坪	537.58	㎡	175		81.6%							2.80%	33
区分所有			0.29%		122	日							27
2,374.79 ㎡	1,858.34	㎡	1,480	百万円	28,669	千円	19,550	千円	68.2%	13.30	千円/月/坪	5.80%	1
718.37 坪	1,827.46	㎡	1,480		98.3%							3.95%	55
100.00%	78.25%		2.43%		122	日							54
2,370.62 ㎡	1,940.94	㎡	1,622	百万円	31,223	千円	22,361	千円	71.6%	14.08	千円/月/坪	5.76%	1
717.11 坪	1,900.45	㎡	1,622		97.9%							4.12%	62
100.00%	81.87%		2.66%		122	日							61
421.42 ㎡	414.45	㎡	238	百万円	7,032	千円	4,800	千円	68.3%	11.61	千円/月/坪	8.84%	1
127.48 坪	414.45	㎡	238		100.0%							6.03%	12
100.00%	98.35%		0.39%		122	日							12
23,408.46 ㎡	18,890.24	㎡	13,393	百万円	302,748	千円	237,141	千円	78.3%			6.76%	16
7,081.06 坪	17,638.68	㎡	13,393		93.4%							5.30%	811
100.00%			21.96%		122	日							757
4,091.22 ㎡	3,473.28	㎡	3,783	百万円	58,180	千円	21,575	千円	37.1%	17.87	千円/月/坪	4.60%	1
1,237.59 坪	3,365.17	㎡	3,783		96.9%							1.71%	62
100.00%	84.90%		6.20%		122	日							60
1,419.05 ㎡	1,244.54	㎡	968	百万円	17,944	千円	11,642	千円	64.9%	13.38	千円/月/坪	5.55%	1
429.26 坪	984.07	㎡	968		79.1%							3.60%	33
100.00%	87.70%		1.59%		122	日							26

物件番号	資産内容	物件名称	所在地	建物構造 / 建物容積率	竣工時期	土地面積(㎡) / 土地面積(坪) / 敷地所有権割合	
19	信託受益権	NCR原宿	東京都渋谷区千駄ヶ谷3丁目55-3	RC造5F	平成12年9月	633.60	㎡
		(コンパクトタイプ100%)				191.66	坪
				207.42%		100.00%	
20	信託受益権	NCR三田	東京都港区三田2丁目7-16	SRC造11F	平成15年2月	205.11	㎡
		(コンパクトタイプ100%)				62.05	坪
				613.30%		100.00%	
21	信託受益権	NCR根岸	東京都台東区根岸4丁目15-16	RC造8F	平成12年7月	238.36	㎡
		(コンパクトタイプ100%)				72.10	坪
				301.17%		100.00%	
22	信託受益権	NCRお茶の水	東京都千代田区神田小川町3丁目24-1	RC造8F	平成14年8月	593.61	㎡
		(コンパクトタイプ91%)				179.57	坪
		(シングルタイプ・その他9%)		546.16%		100.00%	
23	信託受益権	NCR銀座ツインⅠ	東京都中央区入船3丁目10-10	RC造12F	平成15年9月	242.21	㎡
		(コンパクトタイプ86%)				73.27	坪
		(シングルタイプ・その他14%)		790.99%		100.00%	
24	信託受益権	NCR代々木上原	東京都渋谷区上原1丁目17-16	RC造4F / B1	平成12年10月	486.70	㎡
		(コンパクトタイプ83%)				147.23	坪
		(シングルタイプ・その他17%)		216.02%		100.00%	
25	信託受益権	NCR千駄ヶ谷	東京都渋谷区千駄ヶ谷2丁目9-10	RC造4F	平成12年3月	544.06	㎡
		(コンパクトタイプ92%)				164.58	坪
		(シングルタイプ8%)		163.11%		100.00%	
26	信託受益権	NCR新宿7丁目	東京都新宿区新宿7丁目17-16	RC造5F / B1	平成7年1月	638.08	㎡
		(コンパクトタイプ81%)				193.02	坪
		(シングルタイプ19%)		175.22%		100.00%	
27	信託受益権	NCR目黒	東京都目黒区目黒2丁目1-13	RC造7F	平成12年4月	565.45	㎡
		(コンパクトタイプ95%)				171.05	坪
		(ファミリータイプ5%)		268.46%		100.00%	
28	信託受益権	NCR西麻布ツインタワー	東京都港区西麻布2丁目26-20	SRC造15F / B1	平成15年3月	619.39	㎡
		(コンパクトタイプ50%・シングルタイプ27%)				187.37	坪
		(プレミアムタイプ11%・その他12%)		589.19%		100.00%	
29	信託受益権	NCR目黒三田	東京都目黒区三田1丁目7-13	RC造6F / B1	平成14年9月	1,866.39	㎡
		(コンパクトタイプ17%・シングルタイプ13%)				564.58	坪
		(ファミリー13%・その他57%)		393.70%		100.00%	
						7,299.14	㎡
小計		13物件				2,207.99	坪
		(コンパクトタイプ)		404.57%		100.00%	
30	信託受益権	NCR北沢	東京都世田谷区北沢1丁目15-5	RC造4F	平成14年1月	888.67	㎡
		(ファミリータイプ100%)				268.82	坪
				187.07%		100.00%	
31	信託受益権	NCR豊田	東京都日野市旭が丘3丁目2-23	SRC造8F	平成4年6月	1,904.85	㎡
		(ファミリータイプ100%)				576.22	坪
				203.69%		100.00%	
32	信託受益権	NCR久米川	東京都東村山市本町1丁目12-1	SRC造7F	平成11年12月	1,144.21	㎡
		(ファミリータイプ100%)				346.12	坪
				190.41%		100.00%	
33	信託受益権	NCR湘南	神奈川県茅ヶ崎市東海岸南1丁目20-4	RC造3F	平成12年2月	1,315.73	㎡
		(ファミリータイプ100%)				398.01	坪
				85.27%		100.00%	
34	信託受益権	LM淵野辺本町	神奈川県相模原市淵野辺本町4丁目38-13	SRC・RC造 9F	平成3年8月	919.01	㎡
		(ファミリータイプ100%)				278.00	坪
				194.62%		共有持分	
35	信託受益権	NCR大通公園	札幌市中央区南一条西13丁目4番地60	RC造9F / B1	平成12年10月	804.79	㎡
		(ファミリータイプ100%)				243.45	坪
				458.76%		100.00%	
36	信託受益権	五色山ハイツ	神戸市垂水区五色山4丁目20-18	RC造7F	平成5年8月	1,923.14	㎡
		(ファミリータイプ100%)				581.75	坪
				128.44%		100.00%	

Ⅱ. JREITの動向

建物面積 (㎡)		賃貸可能面積		鑑定価格	賃料収入		賃貸NOI		利益率	推定概算	年間粗利回り		テナント数
建物面積 (坪)		総賃貸面積		取得価格	稼働率 (H16.7末)					賃料	年間NOI利回り		総戸数
建物所有権割合		レンタブル比		取得価格構成比	稼働日数								稼働戸数
1,314.24	㎡	1,225.26	㎡	1,220 百万円	13,390	千円	8,318	千円	62.1%	14.13 千円/月/坪	3.28%		1
397.56	坪	802.28	㎡	1,220	65.5%						2.04%		21
100.00%		93.23%		2.00%	122	日							14
1,257.94	㎡	1,128.80	㎡	986 百万円	20,742	千円	15,820	千円	76.3%	15.44 千円/月/坪	6.29%		1
380.53	坪	1,086.35	㎡	986	96.2%						4.80%		30
100.00%		89.73%		1.62%	122	日							29
717.88	㎡	594.79	㎡	356 百万円	5,610	千円	3,408	千円	60.7%	9.13 千円/月/坪	4.71%		1
217.16	坪	402.27	㎡	356	67.6%						2.86%		12
100.00%		82.85%		0.58%	122	日							8
3,242.08	㎡	2,507.30	㎡	2,300 百万円	46,446	千円	40,868	千円	88.0%	14.05 千円/月/坪	6.04%		1
980.73	坪	2,314.45	㎡	2,300	92.3%						5.32%		44
100.00%		77.34%		3.77%	122	日							41
1,915.85	㎡	1,444.52	㎡	1,133 百万円	19,723	千円	14,339	千円	72.7%	13.38 千円/月/坪	5.21%		1
579.54	坪	1,153.77	㎡	1,133	79.9%						3.79%		40
100.00%		75.40%		1.86%	122	日							32
1,051.36	㎡	811.95	㎡	765 百万円	14,547	千円	10,727	千円	73.7%	14.95 千円/月/坪	5.69%		1
318.04	坪	811.95	㎡	765	100.0%						4.20%		25
100.00%		77.23%		1.25%	122	日							25
887.43	㎡	803.03	㎡	695 百万円	10,984	千円	7,028	千円	64.0%	13.52 千円/月/坪	4.73%		1
268.45	坪	582.11	㎡	695	72.5%						3.03%		21
100.00%		90.49%		1.14%	122	日							16
1,118.03	㎡	957.60	㎡	626 百万円	10,508	千円	6,757	千円	64.3%	10.44 千円/月/坪	5.02%		1
338.20	坪	857.16	㎡	626	89.5%						3.23%		23
100.00%		85.65%		1.03%	122	日							21
1,518.00	㎡	1,414.73	㎡	1,050 百万円	18,745	千円	13,055	千円	69.6%	11.64 千円/月/坪	5.34%		1
459.20	坪	1,194.83	㎡	1,050	84.5%						3.72%		26
100.00%		93.20%		1.72%	122	日							22
3,649.41	㎡	3,296.44	㎡	3,315 百万円	52,661	千円	44,380	千円	84.3%	16.03 千円/月/坪	4.75%		1
1,103.95	坪	2,741.26	㎡	3,315	83.2%						4.01%		60
100.00%		90.33%		5.44%	122	日							53
7,347.97	㎡	5,264.94	㎡	6,066 百万円	129,419	千円	119,527	千円	92.4%	19.33 千円/月/坪	6.38%		1
2,222.76	坪	5,208.25	㎡	6,066	98.9%						5.90%		41
100.00%		71.65%		9.95%	122	日							40
29,530.46	㎡	24,167.18	㎡	23,263 百万円	418,899	千円	317,444	千円	75.8%		5.39%		13
8,932.96	坪	21,503.92	㎡	23,263	89.0%						4.08%		438
100.00%		81.84%		38.15%	122	日							387
1,662.45	㎡	1,220.16	㎡	1,070 百万円	18,113	千円	15,140	千円	83.6%	13.50 千円/月/坪	5.06%		1
502.89	坪	1,137.36	㎡	1,070	93.2%						4.23%		15
100.00%		73.40%		1.75%	122	日							14
3,879.99	㎡	3,630.55	㎡	1,053 百万円	30,936	千円	23,119	千円	74.7%	3.48 千円/月/坪	8.79%		1
1,173.70	坪	3,257.41	㎡	1,053	89.7%						6.57%		67
100.00%		93.57%		1.73%	122	日							60
2,178.64	㎡	2,013.93	㎡	715 百万円	14,724	千円	9,291	千円	63.1%	12.96 千円/月/坪	6.16%		1
659.04	坪	1,833.93	㎡	715	91.1%						3.89%		31
100.00%		92.44%		1.17%	122	日						0.00%	28
1,121.98	㎡	1,082.28	㎡	445 百万円	7,166	千円	3,378	千円	47.1%	6.96 千円/月/坪	4.82%		1
339.40	坪	740.52	㎡	445	68.4%						2.27%		19
100.00%		96.46%		0.73%	122	日							13
1,788.58	㎡	997.92	㎡	222 百万円	2,210	千円	1,091	千円	49.4%	4.99 千円/月/坪	2.98%		1
541.05	坪	863.46	㎡	222	86.5%						1.47%		15
区分所有				0.36%	122	日							13
3,692.02	㎡	2,996.24	㎡	726 百万円	18,888	千円	14,129	千円	74.8%	5.08 千円/月/坪	7.78%		1
1,116.84	坪	2,768.53	㎡	726	92.4%						5.82%		40
100.00%		81.15%		1.19%	122	日							37
2,470.13	㎡	2,253.34	㎡	720 百万円	24,350	千円	5,705	千円	23.4%	4.21 千円/月/坪	10.12%		1
747.21	坪	2,253.34	㎡	720	100.0%		7,491				2.37%		33
100.00%		91.22%		1.18%	122	日					3.11%		33

物件番号	資産内容	物件名称	所在地	建物構造 / 建物容積率	竣工時期	土地面積 (㎡) / 土地面積 (坪) / 敷地所有権割合	
37	信託受益権	NCR西公園	福岡市中央区荒戸	RC造11F	平成12年10月	642.24	㎡
		（ファミリータイプ100%）	2丁目5－6			194.28	坪
				245.76%		100.00%	
38	信託受益権	NCR西大濠	福岡市中央区今川	RC造5F	平成12年5月	763.49	㎡
		（ファミリータイプ100%）	2丁目7－44			230.96	坪
				144.01%		100.00%	
39	信託受益権	NCR加古川	兵庫県加古川市加古川町	RC造3F	平成12年9月	5,833.65	㎡
		（ファミリータイプ100%）	美乃利字397番地1			1,764.68	坪
			380番地1	40.59%		100.00%	
40	信託受益権	NCR参宮橋	東京都渋谷区代々木	RC造4F	平成10年10月	1,652.90	㎡
		（ファミリータイプ62%）	4丁目52－12	B1		500.00	坪
		（プレミアムタイプ26%、コンパクト12%）		143.32%		100.00%	
41	信託受益権	NCR本所吾妻橋	東京都墨田区本所	SRC・RC造	平成15年9月	545.83	㎡
		（ファミリータイプ60%）	3丁目7－11	14F		165.11	坪
		（プレミアムタイプ4%、コンパクト36%）		465.40%		100.00%	
42	信託受益権	NCR洗足公園	東京都大田区南千束	RC造3F	平成7年4月	1,826.66	㎡
		（ファミリータイプ70%）	2丁目11－1			552.56	坪
		（プレミアムタイプ30%）		99.56%		100.00%	
43	信託受益権	NCR経堂	東京都世田谷区経堂	RC造5F	平成1年5月	1,056.06	㎡
		（ファミリータイプ83%）	5丁目33－13			319.46	坪
		（コンパクトタイプ4%・その他13%）		183.88%		100.00%	
44	信託受益権	NCR田園調布	東京都大田区田園調布	RC造3F	平成7年7月	1,233.53	㎡
		（ファミリータイプ66%）	5丁目35－15			373.14	坪
		（コンパクトタイプ34%）		94.83%		100.00%	
45	信託受益権	NCR横浜イースト	横浜市神奈川区金港町	RC造21F	平成15年3月	2,342.18	㎡
		（ファミリータイプ74%）	8番1号			708.51	坪
		（シングル15%・コンパクト10%・その他1%）		744.34%		100.00%	
46	信託受益権	SH元住吉	川崎市中原区井田中ノ町	RC造7F	平成3年4月	1,706.37	㎡
		（ファミリータイプ37%・コンパクト34%）	8番8号	B1		516.18	坪
		（シングル8%・プレミアム15%・その他6%）		279.87%		共有持分	
47	信託受益権	NCR南林間	神奈川県大和市南林間	RC造8F	平成14年4月	428.78	㎡
		（ファミリータイプ91%）	2丁目11－16			129.71	坪
		（コンパクトタイプ2%・その他7%）		376.69%		100.00%	
48	信託受益権	LM前橋西片貝	群馬県前橋市西片貝町	RC造6F	平成4年2月	1,224.00	㎡
		（ファミリータイプ97%）	1丁目301－5			370.26	坪
		（コンパクトタイプ3%）		199.68%		共有持分	
						28,156.09	㎡
	小計	19物件				8,517.22	坪
		（ファミリータイプ）		205.81%			
49	信託受益権	NCR等々力	東京都世田谷区中町	RC造3F	平成5年3月	3,660.77	㎡
		（プレミアムタイプ100%）	1丁目16－7	B1		1,107.38	坪
				106.68%		100.00%	
50	信託受益権	NCR西麻布	東京都港区西麻布	RC造5F	平成14年3月	1,410.40	㎡
		（プレミアムタイプ67%）	1丁目3－12	B1		426.65	坪
		（コンパクトタイプ33%）		282.24%		100.00%	
						5,071.17	㎡
	小計	2物件				1,534.03	
		（プレミアムタイプ）		155.51%		100.00%	
						49,479.80	㎡
	合計	50物件				14,967.64	坪
				240.04%			

II. JREITの動向　55

建物面積(㎡)／(坪)／建物所有権割合	賃貸可能面積／総賃貸面積／レンタブル比	鑑定価格／取得価格／取得価格構成比	賃料収入／稼働率(H16.7末)／稼働日数	賃貸NOI	利益率	推定概算賃料	年間粗利回り／年間NOI利回り	テナント数／総戸数／稼働戸数
1,578.37 ㎡	1,483.50 ㎡	379 百万円	10,881 千円	7,150 千円	65.7%	5.48 千円/月/坪	8.59%	1
477.46 坪	1,483.50	379	100.0%				5.64%	30
100.00%	93.99%	0.62%	122 日					30
1,099.47 ㎡	1,013.22 ㎡	258 百万円	7,029 千円	4,849 千円	69.0%	5.41 千円/月/坪	8.15%	1
332.59 坪	1,013.22	258	100.0%				5.62%	17
100.00%	92.16%	0.42%	122 日					17
2,368.02 ㎡	1,888.02 ㎡	274 百万円	11,829 千円	8,502 千円	71.9%	4.50 千円/月/坪	12.92%	1
716.33 坪	1,610.37	274	85.3%				9.28%	34
100.00%	79.73%	0.45%	122 日					29
2,369.00 ㎡	1,898.47 ㎡	1,734 百万円	30,212 千円	28,434 千円	94.1%	13.12 千円/月/坪	5.21%	1
716.62 坪	1,624.06	1,734	85.5%				4.91%	26
100.00%	80.14%	2.84%	122 日					22
2,540.32 ㎡	2,255.87 ㎡	1,122 百万円	22,844 千円	14,126 千円	61.8%	8.77 千円/月/坪	6.09%	1
768.45 坪	2,027.51	1,122	89.9%				3.77%	35
100.00%	88.80%	1.84%	122 日					32
1,818.62 ㎡	1,608.40 ㎡	921 百万円	20,613 千円	15,068 千円	73.1%	9.98 千円/月/坪	6.70%	1
550.13 坪	1,608.40	921	100.0%				4.89%	19
100.00%	88.44%	1.51%	122 日					19
1,941.93 ㎡	1,621.24 ㎡	715 百万円	19,163 千円	17,306 千円	90.3%	9.73 千円/月/坪	8.02%	1
587.43 坪	1,543.25	715	95.2%				7.24%	24
100.00%	83.49%	1.17%	122 日					23
1,169.74 ㎡	1,066.08 ㎡	511 百万円	10,981 千円	6,939 千円	63.2%	8.68 千円/月/坪	6.43%	1
353.85 坪	1,006.24	511	94.4%				4.06%	17
100.00%	91.14%	0.84%	122 日					16
17,433.76 ㎡	12,349.46 ㎡	6,753 百万円	141,565 千円	118,928 千円	84.0%	8.82 千円/月/坪	6.27%	1
5,273.71 坪	12,250.20	6,753	99.2%				5.27%	228
100.00%	70.84%	11.07%	122 日					225
4,775.59 ㎡	2,910.25 ㎡	1,058 百万円	33,138 千円	23,704 千円	71.5%	8.62 千円/月/坪	9.37%	1
1,444.62 坪	2,774.55	1,058	95.3%				6.70%	57
区分所有		1.73%	122 日					53
1,615.17 ㎡	1,489.44 ㎡	456 百万円	11,484 千円	8,509 千円	74.1%	5.89 千円/月/坪	7.53%	1
488.59 坪	1,390.50	456	93.4%				5.58%	29
100.00%	92.22%	0.75%	122 日					28
2,444.14 ㎡	1,284.45 ㎡	202 百万円	5,667	2,209 千円	39.0%	4.19 千円/月/坪	8.39%	1
739.35 坪	1,019.30	202	79.4%				3.27%	23
区分所有		0.33%	122					18
57,947.92 ㎡	45,062.82 ㎡	19,334 百万円	441,793 千円	327,577 千円	74.1%		6.84%	19
17,529.25 坪	42,205.65	19,334	93.7%				5.07%	759
		31.70%	122 日					710
3,905.32 ㎡	2,863.78 ㎡	1,850 百万円	41,527 千円	30,406 千円	73.2%	11.10 千円/月/坪	6.72%	1
1,181.36 坪	2,732.52	1,850	95.4%				4.92%	22
100.00%	73.33%	3.03%	122 日					21
3,980.78 ㎡	2,802.62 ㎡	3,143 百万円	70,766 千円	60,624 千円	85.7%	17.64 千円/月/坪	6.74%	1
1,204.16 坪	2,736.95	3,143	97.7%				5.77%	37
100.00%	70.41%	5.15%	122 日					36
7,886.00 ㎡	5,666.40 ㎡	4,993 百万円	112,293 千円	91,030 千円	81.1%	千円/月/坪	6.73%	2
2,385.52 坪	5,469.47	4,993	96.5%				5.45%	59
100.00%	71.85%	8.19%	122 日					57
118,772.84 ㎡	93,786.64 ㎡	60,983 百万円	1,275,733 百万円	973,192 千円	76.3%	千円/月/坪	6.26%	50
35,928.78 坪	86,817.72	60,983	92.6%				4.77%	2,067
		100.00%	122 日					1,911

投資法人の特徴

今回は，ニューシティ・レジデンス投資法人の投資基準等を日本レジデンシャル投資法人（略称；NRIC）の設定している基準と比較列記します。

(1) 投資対象不動産の用途

全部または一部が住居の用に供されている不動産本体または裏付けとなっている不動産関連資産を主体とした，レジデンシャル志向型となっている（投資法人の保有する不動産の賃貸可能面積の10％を上限として住居以外の用途の不動産関連資産に投資する可能性もある）。

(2) 投資対象地域

首都圏（東京都・神奈川県・千葉県・埼玉県）重視とするが地域分散の為に地方政令指定都市，県庁等所在地及びこれに準じる都市と周辺通勤圏も対象とする。

目標ポートフォリオ

	NCRの目標基準	（NRICの基準）
都心主要5区（千代田・港・渋谷・新宿・目黒区）	30～70%	30～50%
都内23区（上記都心主要5区を除く）	10～60%	30～50%
首都圏	10～50%	0～20%
地方	30％以下	0～20%

(3) 住宅タイプ別の投資分散

賃貸マンションをタイプで分類して以下の4つのカテゴリーに分けて，それぞれ投資比率を定めている。

シングルタイプ……間取が1R・1K・1DKの単身者向けマンション。

アーバンファミリータイプ（コンパクトタイプ）……間取が1DK・1LDK・2DK・2LDKのDINKSまたはSOHO向けマンション。

ファミリータイプ……間取が2DK・2LDK・3DK・3LDKで家族数2～4名の一般家族向けマンション。

プレミアムタイプ（ラージタイプ）……間取が1LDK・2LDK・3LDK・4LDKで家族数1～4名の高級賃貸向けマンション。

なお，NRICのカテゴリー分けとは必ずしも一致しないが，近似の分類なので両者を比較すると以下のような基準となる。

	NCRの目標基準	(NRICの基準)
シングルタイプ	20〜40%	15〜30%
アーバンファミリータイプ（コンパクトタイプ）	20〜50%	25〜40%
ファミリータイプ	20〜50%	25〜40%
プレミアムタイプ（ラージタイプ）	5〜20%	5〜20%

(4) その他の投資基準

①保有期間

原則として5〜15年以上の長期保有を目的として物件を取得し，当初から転売目的での資産取得は行わない（NRICも同様）。

②築年数

取得時において原則として15年以内とする（NRICは「保有資産全体の平均築年数を取得価格で加重平均して10年以内に収まる目処で投資する」としている）。

③立地

総合的な勘案して決定する（NRICは「原則として最寄駅より徒歩10分圏内とする」と明記している）。

④1物件当りの投資規模

原則として1億円以上とする（NRICは「原則として5億円以上で，専有面積合計が500㎡以上」）。

⑤建物の構造

鉄筋コンクリート造または鉄骨鉄筋コンクリート造で新耐震基準に適合している建物とする（NRICもほぼ同様）。

⑥権利関係

原則として1棟所有の所有権とするが，区分所有や借地権についても検討対象とする（NRICも同じ）。

(5) 開発案件への投資

原則として開発中の不動産への投資は行わないが，建築中の不動産については完工・引渡しに関するリスクが軽減または最小化されていると判断される場合は建物竣工後の取得を条件とした契約締結も行う可能性がある（NRIC も同様の基準）。

「特徴の解説」

NCR の投資基準で，最も特徴があるのは，取得物件規模を1億円以上としている点である。

NRIC やプレミア投資法人では5億円以上という基準を設定していて，個人投資家との競合回避や建物管理効率を重視しているが，NCR は取得規模を1億円以上と規模を下げた事で，ほぼ全ての賃貸マンションが選定範囲に入る事になる。

また，投資地域では NRIC に比べて東京23区外の比率がやや高くなっていて，現実に，上場時の組成資産にも，その傾向が現れている。

タイプ別投資基準を見ると，NRIC と同様にコンパクトタイプとファミリータイプマンションを主流としているので，長期居住需要をメインにした住宅を主たる投資対象としている事が伺える。

単身者向けのシングルタイプマンションは，不動産市場に売り物が多いという事で，組成資産の補完的な位置で取得するのは，NRIC と同じであるが，立地としては，23区外の物件が多くこの点が NRIC との差異である。

建物の築年数は15年以内というやや緩い基準を設定してはいるが，組成資産の単純平均値は約5年となっていて，資産全体としては築浅物件が多くなっている。

「オリジネーターとの関係」

NCR の主たるオリジネーターは CB・リチャード・エリス・インベスターズ㈱と NCC・ホールディング・デラウェア LLC となっていて，何れも米国系の不動産投資ファンドのようであるが，NCC ホールディング・デラウェア LLC の実態は不明である。

上場時の組成資産を見ると，CB・リチャード・エリス・インベスターズは当初から JREIT 進出を狙って資産取得を行っていた為，利益相反等の問題はないと思えるが，途中から参画したと思われる NCC ホールディング・デラウェア LLC が

私募ファンドの状態で保有していた物件も含まれている可能性もあり，この点が不透明である。

目論見書には前所有者の記載はあるが，大京のライオンズマンション等をどのような経路でNCRが取得したかも不明であり，概して組成物件の取得経緯に不透明感がある。

NCRの主たるオリジネーターが外資系という事もあり，日本の投資家には馴染みも薄いので，オリジネーターの紹介や関係等についてもっと詳細な記述が必要ではなかったのかと言える。

また，外資系ファンドであるオリジネーターがJREITに進出するメリットは何かも気になる点である。

目論見書の記載では投資証券の一般募集に併せて，両オリジネーターが1,456口と1,256口の割当を受ける事になっているが，この投資口のキャピタルゲインが目的だとも思えないので，恐らく，投資法人への物件供給で売買益を得たのではないかとも推察される。

従って，組成資産の個々の物件の選択の合理性と価格の妥当性を検証しなくては，投資家にとって，この銘柄への投資判断が出来ないのではないかとも思われる。

保有資産の特徴

組成時の保有資産の現地調査からは次の事が言えます。
・保有物件が50物件と多くなっている為，全体として見方ではなく，前述のカテゴリー別に見ると，主力となっているアーバンファミリー（コンパクト）タイプは立地と建物築年数に良好な物件が目立つ。
・賃貸マンションの立地としては，23区外の物件にやや疑問があるが，全体として見ればどうにか許容範囲内に収まっていると言える。
・保有物件の中に極端に経年劣化を感じる建物は少なく，比較的良好な状態に保たれていると言える。
・資産規模を積上げる為に数合わせで取得したと考えられる物件が一部含まれている。
・シングルタイプには築浅の物件が多いが，駅からの距離と立地にやや難のある

物件が目立つ。
・保有物件には築浅物件も多く，それぞれの地域で新しさを感じる建物が多いのが印象的であるが，建物のグレードとしては平均的なレベルに留まっている物件が多い。

<タイプ別>
ⅰ．シングルタイプ
　16物件とファミリータイプに次ぐ保有棟数になっているが，取得価格比では約22％とタイプ別では3位のシェアーを占めている。
　立地と建物の外観等総合的に見ると，「NCR市谷左内町」がベストの物件だと思われるがワンルームマンションの立地としてはやや難のある千葉方面のシングルタイプマンション（「船橋本町」「西船橋」「舞浜」「市川妙典」「浦安」「南行徳Ⅰ・Ⅱ」）が多いのが投資価値としては気になる点である。
　都心3区内には中央区の日本橋蛎殻町に2物件を保有しているのみであり，立地的に見ると物足りない。
　総じて建物グレードもワンルームマンションの平均的なレベルにある為，将来の競争力を考えるとやや不安が残るので，築10年以内に売却する方向が望ましいとも言える。
　なお，建物グレードによる将来の物件競争力に関してはNRICが保有するシングルタイプにも言える事なので，NCRが特に劣る訳でもなく，REITのレジデンシャル物件共通の問題でもある（但し，プレミア投資法人の保有するシングルタイプだけは建物・立地等を他の銘柄の物件と比較すると，明らかに優れている物件が多い）。
　シングルタイプで気になるのは「ライオンズマンション東青梅第三」（区分所有）である。
　この立地のワンルームマンションを取得する合理性はないと言えるし，過去の賃貸収支を見てもキャップレートが異常に低い（2.8％）等，REITの物件としては不適格とも言える。

ⅱ．コンパクトタイプ

コンパクトタイプは13棟ではあるが，取得価格比では約38％と最大のシェアーを持つカテゴリーである。

立地としては，大半が都心5区内に立地しているので，このカテゴリーは不動産投資の視点で合格点が付けられる。中でも，「南青山」「目黒三田」「三田」の3物件は競争力が高そうである。

一方，「根岸」「銀座ツインⅠ・Ⅱ」は立地として劣ることと，競合物件が多い地域ということもあって，現状の稼働率は低迷しているので，早期に90％台の稼働率に引き上げられないと，取得価格の問題に跳ね返るとも言える。

なお，このカテゴリーではNRICの保有物件の質が向上している事もあって，NCRは半歩遅れている状況にあるので，上場後の追加取得で何処までNRICに肉迫出来るかが注目点でもある。

ⅲ．ファミリータイプ

このタイプは19棟と最も保有棟数が多いが，東京周辺部と地方都市の物件が主流であり，立地的にはやや物足りない感がある。

フラッグシップは超高層マンションの「横浜イースト」だと思われるが，125戸という規模とJR線路脇という立地を考慮すると，横浜駅東口から徒歩6分というメリットがあっても，現状の稼働率（99.2％）の維持は難しいかもしれないので，95％程度で安定させられれば合格である。

なお，このカテゴリーでも「ライオンズマンション淵野辺本町」「ライオンズマンション前橋西片貝」の立地と価格に問題がある。

この2物件は，恐らく，他銘柄では取得しない立地でもあり，また，キャップレートも低すぎるので混ぜて欲しくない物件だと言える。

ⅳ．プレミアムタイプ（ラージタイプ）

このカテゴリーでは等々力と西麻布の2物件のみの保有であるが，現状の稼働率も高く両物件とも合格点に達している。

西麻布は建物の高級感はないが，六本木ヒルズに近い好立地にあり賃貸需要としては堅実な運用成績が期待出来る。

等々力は高級住宅街の一画に位置し，物件北側には等々力渓谷を持つ谷沢川が流れていてロケーションも良いが，築約12年の割には，従前の建物管理にやや難があったようで，取得後の建物管理によって資産価値を維持する必要がありそうである。

保有資産のデータ面からの分析

全保有50物件をカテゴリー別にNRICの保有物件（59物件）と比較すると次のようになる。

	建物平均容積率		建物平均築年数		平均土地面積		平均建物面積	
	NCR	(NRIC)	NCR	(NRIC)	NCR	(NRIC)	NCR	(NRIC)
シングルタイプ	261.5 %	320.3 %	3.5 年	5.9 年	559.6 ㎡	782.06 ㎡	1,463.03 ㎡	2,505.30 ㎡
アーバンファミリータイプ	404.6 %	410.2 %	3.4 年	3.6 年	561.5 ㎡	805.48 ㎡	2,271.57 ㎡	3,303.69 ㎡
ファミリータイプ	205.8 %	319.5 %	7.3 年	9.8 年	1,481.90 ㎡	1,617.61 ㎡	3,049.89 ㎡	5,168.16 ㎡
プレミアムタイプ	155.5 %	182.4 %	7.2 年	15 年	24,739.90 ㎡	1,301.11 ㎡	3,943.00 ㎡	2,373.30 ㎡
全体	240 %	326.4 %	5.1 年	6.8 年	989.60 ㎡	998.57 ㎡	2,375.46 ㎡	3,258.98 ㎡

	平均賃貸可能面積		平均賃貸総面積		平均稼働率		平均レンタブル比	
	NCR	(NRIC)	NCR	(NRIC)	NCR	(NRIC)	NCR	(NRIC)
シングルタイプ	1,181 ㎡	2,010 ㎡	1,102 ㎡	1,544 ㎡	93.3%	76.8%	85.5%	80.2%
アーバンファミリータイプ	1,859 ㎡	3,457 ㎡	1,654 ㎡	1,555 ㎡	89.0%	45.0%	81.8%	79.2%
ファミリータイプ	2,372 ㎡	4,121 ㎡	2,221 ㎡	3,765 ㎡	93.7%	91.4%	81.5%	79.7%
プレミアムタイプ	2,833 ㎡	1,684 ㎡	2,825 ㎡	1,532 ㎡	99.7%	91.0%	71.9%	71.0%
全体	1,876 ㎡	2,522 ㎡	1,736 ㎡	1,961 ㎡	92.6%	77.8%	—	—

	平均取得価格		平均NOI利回り		平均住戸数	
	NCR	(NRIC)	NCR	(NRIC)	NCR	(NRIC)
シングルタイプ	837 百万円	1,096 百万円	5.30%	5.71%	50.7	72.2
アーバンファミリータイプ	1,789 百万円	1,698 百万円	4.08%	6.79%	33.7	53.0
ファミリータイプ	1,018 百万円	2,147 百万円	5.07%	6.61%	39.9	61.0
プレミアムタイプ	2,497 百万円	970 百万円	5.45%	5.37%	29.5	13.5
全体	1,220 百万円	1,483 百万円	4.77%	6.15%	41.3	57.6

［タイプ別データの解説］

やや専門的にはなりますが，賃貸住宅の見方は，オフィスビルとは異なりますので，ポイントを絞って解説致します。

①平均容積率

住宅では容積率が200％を越えると，各住戸の主開口方位が南面だけでは取れなくなります。従って，容積率と住戸の日照条件は逆比例の関係になります。

NCRの保有物件は，アーバンファミリータイプ以外はNRICの保有物件に比べると低容積になっていますが，これは地区の許容容積率（200％程度の容積地区の保有物件が多い）の関係でもあり，必ずしも，建物の設計意図が反映されている訳ではありません。

但し，結果的ではありますがファミリータイプが200％程度の容積率に収まっているのはNRICに比べると有利な面もあります。

②平均築年数

NCRの保有物件は4つのカテゴリーでNRICを下回っていますので，かなり建物築年数を意識して取得したと考えられます。

建物が新しいと建物減価償却費が大きくなり，配当政策上は不利になりますが，建物容積率が低い分，取得価格に占める建物価格の割合が小さくなるので，配当金に対してはNRICとほぼ同様の条件だと考えられます。

③平均稼働率

NCRの稼働率は全体で92.6％となっていて，レジデンシャルの稼働率としては満足出来る水準になっています。

但し，個別に見ると，既に築2年以上経ながらも稼働率が80％以下となっているシングルタイプの物件（新宿壱番館・弐番館，市谷左内町）がある等解せない部分もあるのと，23区外に立地していながら強気な賃料設定になっている千葉方面のシングルタイプ等，今後の変動要素もありそうです。

また，アーバンファミリータイプは，上場後の決算ではやや稼働率も向上しそうでもあり，全体としては暫く推移を見ないと賃料水準と稼働率を見極めるのが難しいと思われる。

④平均レンタブル比

レンタブル比は専有面積÷延床床面積の比率で，この数字が高ければ建物の収益効率は高いが，住戸間のプライバシーが劣ったり高級感が欠けたりする。

85％以上の数値を示す住宅は片廊下タイプが大半であり，住戸全体の共用スペックは低いと言える。NCRのシングルタイプのレンタブル比が85％となってい

るのを見ると，立地の優位性が乏しい物件が多い事もあり，やや将来の競争力に不安が残る。

その他のタイプではNRICの数値と近似になっていて，標準的なマンションである事が窺える。

⑤NOI利回り

NCRの物件の利回りはNRICと比べて全体に低くはなっているが，データそのものが同一の基準で算出されていない為に，正確な比較は出来ない。

但し，NRICの保有物件に比べると，若干低めの傾向がある事は確かであるが，取得価格の妥当性をNOI利回りで比較するのは難しいので，これについては後述する。

⑥平均住戸数

NCRとNRICを比較すると，建物の平均規模はNRICがやや大きくなっている事が分かるが，賃貸マンションの稼働率を考えると，必ずしも規模の大きさが有利ではない。

従って，建物規模の項目（平均建物面積・平均賃貸面積・平均住戸数）によってNCRが劣っているという判断にはならない。

⑦取得価格について

NCRの場合，最も気になるのは取得価格の妥当性だと思われるので，別の角度から検証してみる。

次表は，「取得価格÷賃貸可能面積」で，専有面積当りの坪単価を算出し，NRICが保有している近似の立地の物件と比較したデータである（※グレー部分がNCRの保有物件）。

シングルタイプ

物件名	築年数	取得単価	
NCR新宿壱番館	2.5年	2,925	千円/坪
NCR新宿弐番館	2.6年	2,869	千円/坪
パシフィックレジデンス新宿イースト	0.8年	2,649	千円/坪
シュウ新宿	4.3年	2,316	千円/坪
NCR日本橋ウエスト	1.6年	2,633	千円/坪
NCR日本橋イースト	1.6年	2,763	千円/坪
パークハビオ京橋	0.3年	2,620	千円/坪
NCR上池台（大田区）	2.7年	1,898	千円/坪
Zesty池上（大田区）	1.4年	1,647	千円/坪
<千葉方面>			
NCR船橋本町	7.7年	2,393	千円/坪
NCR西船橋	3.7年	2,063	千円/坪
NCR舞浜	1.7年	2,167	千円/坪
NCR市川妙典	1.7年	2,087	千円/坪
NCR浦安	1.8年	2,009	千円/坪
NCR南行徳Ⅰ	1.7年	2,076	千円/坪
NCR南行徳Ⅱ	1.7年	2,039	千円/坪

　この表から見ると，新宿，中央区，大田区の物件ではNCRの物件は5〜15%割高になっている事が分かる。

　また，千葉方面の物件の単価が，大田区の物件よりも高くなっているが，これは立地的に見ても不自然であり，おおよそ15%前後は割高ではないかと言える。

アーバンファミリータイプ（コンパクトタイプ）

物件名	築年数	取得単価	
NCR南青山	2.3年	3,601	千円/坪
NCR西麻布ツイン	1.7年	3,324	千円/坪
アパートメンツ西麻布	0.4年	3,699	千円/坪
NCR目黒三田	2.2年	3,809	千円/坪
NCR銀座ツインⅠ	1.2年	2,593	千円/坪
NCR銀座ツインⅡ	1.2年	2,571	千円/坪
パシフィックレジデンス人形町	0.8年	2,229	千円/坪

NRIC の保有する「アパートメンツ西麻布」は，JREIT 保有のレジデンシャルでは最高グレードの物件であり，この価格を上限として見ると，「南青山」と「西麻布」は 5％程度割高だと言える。

　また，恵比須ガーデンプレイスに近い「目黒三田」はオフィス部分が半分を占めている事もあるが，やはり，若干は高いという感じがする。

　「銀座ツイン I・II」も入船という住所を考慮すると，やや高いという感がある。

ファミリータイプ

NCR 北沢（世田谷区）	2.9 年	2,899	千円／坪
NCR 参宮橋（渋谷区）	6.1 年	3,019	千円／坪
NCR 洗足公園（大田区）	9.6 年	1,893	千円／坪
NCR 経堂（世田谷区）	15.6 年	1,458	千円／坪
NCR 横浜イースト	1.7 年	1,808	千円／坪
グレーンパーク桜ヶ丘（渋谷区）	1.7 年	3,210	千円／坪
世田谷サンハイツ	12.4 年	1,625	千円／坪

プレミアムタイプ（ラージタイプ）

NCR 等々力（世田谷区）	11.7 年	2,136	千円／坪
NCR 西麻布（港区）	2.7 年	3,707	千円／坪
マノア岡本（世田谷区）	15.2 年	1,701	千円／坪
ベルウッド（渋谷区）	15.3 年	3,774	千円／坪
ブティクール砧	14.8 年	1,733	千円／坪

　ファミリータイプでは比較すべき近似の立地の物件がないが，NCR の保有物件は建物のグレードと立地から見て，ほぼ妥当な価格だと言える。

　また，プレミアムタイプも同様に妥当な価格だと言える。

『まとめ』

　NCR の取得価格を見ると，シングルタイプとアーバンタイプでやや割高となっているが，ファミリータイプとプレミアムタイプは妥当な価格設定になっている。

　憶測ではあるが，オリジネーターは，シングルタイプとアーバンファミリータイプで物件譲渡益を獲得し，ファミリータイプとプレミアムタイプでは，仕入れ価格次第ではあるが，大きな譲渡益が出なかったのではないかと推測される。

ここではオリジネーターの利益を云々するのではなく，投資法人の取得価格の妥当性を検証する事が目的なので，これ以上の憶測は避けるが，結論としては，築浅賃貸マンションの取得競争が激しい中での組成物件の収集という点を考慮すると，許容範囲ではないかと考える。

　但し，前述したように，ライオンズマンションのバルク買いのような物件（淵野辺・東青梅・前橋）は価格の問題ではなく，選択の問題でもあり，たとえ，取得価格の絶対金額が小さくてもJREITの物件としては不適当だと考える。

他銘柄とのデータ比較

　次に，賃貸住宅を保有しているNRIC，OJR，PIC，UUR，TGRも含めて保有物件を比較すると以下のようになる。

（略称銘柄一覧）
　NCR／ニューシティ・レジデンス投資法人
　NRIC／日本レジデンシャル投資法人
　PIC／プレミア投資法人
　UUR／ユナイテッド・アーバン投資法人
　OJR／オリックス不動産投資法人
　TGR／東京グロース・リート投資法人

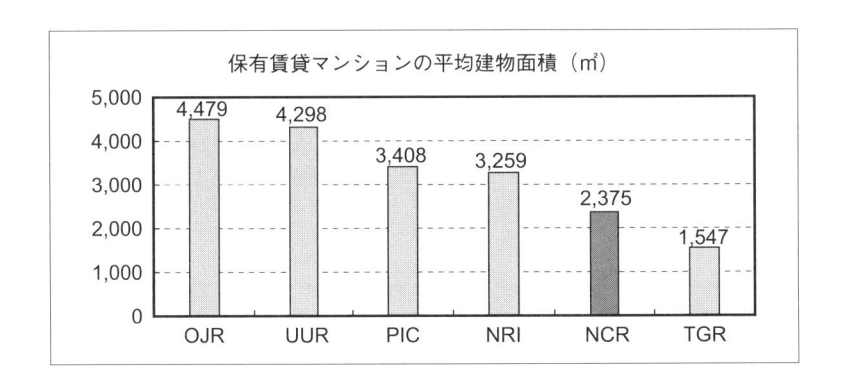

保有賃貸マンションの平均建物面積（㎡）

OJR	UUR	PIC	NRI	NCR	TGR
4,479	4,298	3,408	3,259	2,375	1,547

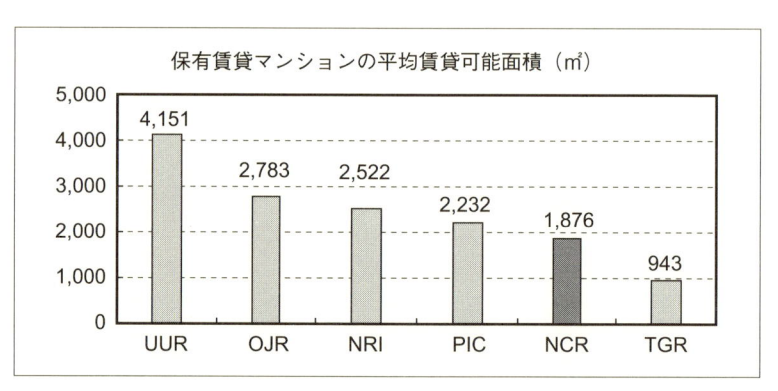

保有賃貸マンションの平均賃貸可能面積（㎡）

UUR	OJR	NRI	PIC	NCR	TGR
4,151	2,783	2,522	2,232	1,876	943

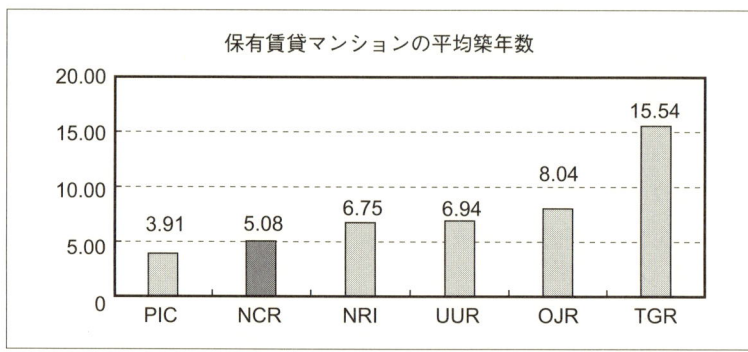

保有賃貸マンションの平均築年数

PIC	NCR	NRI	UUR	OJR	TGR
3.91	5.08	6.75	6.94	8.04	15.54

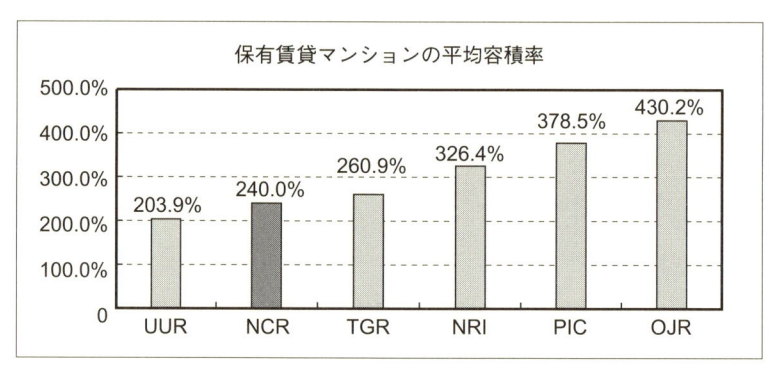

保有賃貸マンションの平均容積率

UUR	NCR	TGR	NRI	PIC	OJR
203.9%	240.0%	260.9%	326.4%	378.5%	430.2%

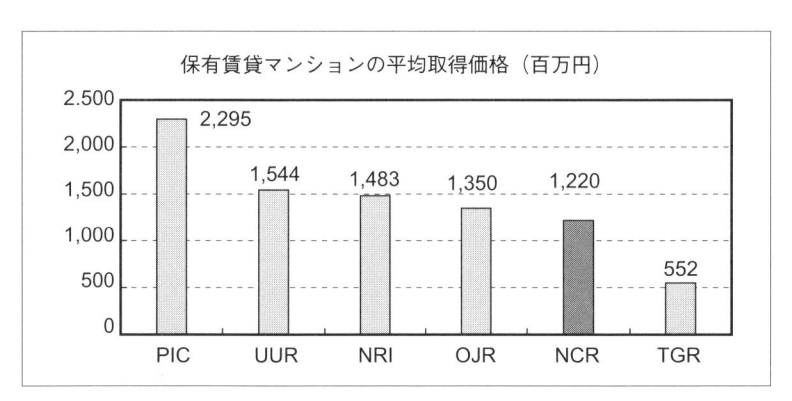

Ⅱ. JREITの動向

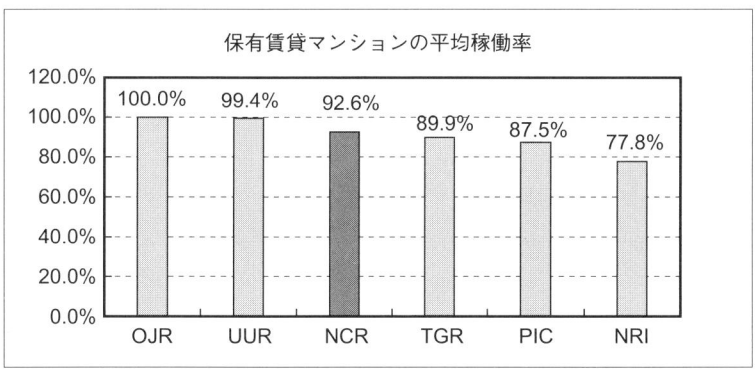

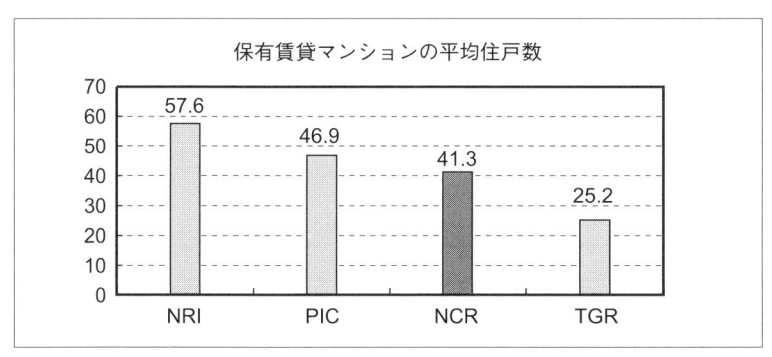

保有賃貸マンションの平均取得価格（百万円）

PIC	2,295
UUR	1,544
NRI	1,483
OJR	1,350
NCR	1,220
TGR	552

保有賃貸マンションの平均稼働率

銘柄	稼働率
OJR	100.0%
UUR	99.4%
NCR	92.6%
TGR	89.9%
PIC	87.5%
NRI	77.8%

保有賃貸マンションの平均住戸数

銘柄	住戸数
NRI	57.6
PIC	46.9
NCR	41.3
TGR	25.2

[他銘柄とのデータ比較の解説]
①平均規模
　NCRの保有する賃貸マンションは，他銘柄に比べるとやや小振りではあるが，上場前に50物件を確保したということ考えると，この程度の規模を保った事はむしろ評価出来る。
②平均築年数
　NCRはプレミア投資法人（14棟保有）に次いで第2位の位置にあり，組成資産収集に際して，かなり築年数を意識したと考えられる。
　プレミア投資法人の物件追加取得のペースを見ても分かるように，築浅物件の取得が難しい環境の中で，上場前にこれだけの数の築浅物件を確保した事は評価出来る。
③平均容積率
　平均容積率は，保有物件の立地の傾向を表すが，都心型物件の多いプレミア投資法人と日本レジデンシャル投資法人とはやや異なって，NCRは郊外型の物件が多い事が分かる。
　賃貸マンションの立地は，シングルタイプ，コンパクトタイプでは都心型に利があるが，ファミリータイプでは個別の立地に左右されるので，NCRの個々の物件を見ると，シングルタイプに郊外型が多い事が将来の不安材料である。
④平均稼働率
　OJRの100%は全てサブリースなので比較にはならないが，NCRの平均稼働率は6銘柄の中で好位置にある。
　NRICとPICは開発型で新築マンションを取得した為に稼働率が低くなっているが，NCRも上場後の物件取得戦略によっては下がる可能性もある。
　但し，当面は配当金確保が重要なので，まずは，平均稼働率を95%前後までに上昇させてからの動きになりそうである。

『保有資産の特徴の解説と評価』
・50物件という数を集めながら，平均築年数を5.08年に保った事は評価出来る。
・個々の物件を見ると，ライオンズマンション系にやや難のある物件が目立つ

が，その他は平均的レベルにある。
・ファミリータイプ19棟，アーバンファミリータイプ13棟と資産の約70％を安定的な需要が見込まれる賃貸マンションで構成されていることに一定の安心感がある。
・シングルタイプとファミリータイプの一部の物件に稼働率低下の懸念があるので，新設のPM会社の力量を計る目安になりそうである。

[保有資産のチェックポイント]
＜シングルタイプ＞
　立地，ロケーションと賃料水準からみると，「NCR市谷左内町」が好物件であるが，新宿の2物件，日本橋の2物件は立地，建物のグレードとも平均的である。
　千葉方面の物件（7物件）は，シングルタイプにしては駅からの距離が遠い物件もあり，また，概して強気な賃料設定になっているにも拘わらず，現状の稼働率は高い。
　この稼働率が安定的に維持されるのであれば良いが，1～2年後にはパフォーマンスが下がる可能性も予想される。

＜アーバンファミリータイプ（コンパクトタイプ）＞
　アーバンファミリータイプは大半が都心5区に立地しており，全体として安心感がある。特に，問題のありそうな物件はないが，強いて言えば，中央区入船（銀座ツイン）に2物件は必要なかったとも言える。
　このカテゴリーは供給者側のデベロッパーにも商品特性が充分に把握出来ていない事もあって，銘柄側がリードしていく事も必要であり，暫くは，レジデンシャル銘柄間の競争になる。
　NCRがこのカテゴリーの特性を何処まで理解しているかは不明であるが，先行するNRICが積極的に動いているので，当面はこの2銘柄にPICを加えた3者の競争になると思われる。

＜ファミリータイプ＞
　このカテゴリーのフラッグシップは超高層マンションの「NCR横浜イースト」

であるが,「NCR参宮橋」「NCR洗足公園」も好物件である。

ファミリータイプの賃貸マンションを都内城西地区で揃えるのは価格的にも難しい中で5物件を保有しているのは評価出来る。

地方都市の物件（5物件）も築浅物件を多く揃えている等，NCRの主力カテゴリーとしてしっかりとした構成になっているが，前述したように「ライオンズマンション淵野辺」「ライオンズマンション前橋西片貝」は余分である。

＜プレミアムタイプ（ラージタイプ）＞

このカテゴリーは2物件のみ保有であるが，「NCR西麻布」は立地と築浅が魅力の物件で，「NCR等々力」はロケーションに魅力がある。

但し，等々力は築約12年となり，高級賃貸としてのグレードを保つには積極的な修繕やリニューアルが必要な時期に来ているので，どのような運用方針を持っているのかが気になる。

元々，このカテゴリーは賃貸需要も多くないので，保有物件数が少ないという点にNCRの見識が伺える。

『配当金と配当率について』

発表された業績予想と配当金は以下の通り。

	第1期（2005/8期）	第2期（2006/2期）
営業収益	2,656百万円	1,832百万円
当期利益	1,030百万円	798百万円
1口当たり分配金	13,824円	10,707円
年換算配当率※1	約3.53%	約3.89%

※1；1口55万円として計算した。
※2；第1期の運用期間は2004/12/15－2005/8/31の実質260日間として計算した。

公募価格は現時点では不明だが，仮条件の上限値が公募価格だとした場合の配当率は市場が要求する天井に近い。

オリジネーターが外資系であり，上場後の有効な支援も期待出来ない所から資産運用会社の能力次第で評価が分かれるが，当面は年3.5～4.0%の配当率を維持する所から始めるのであれば，レジデンシャル銘柄として合格ではないかと思われ

る。

　個々の資産を見ても，今後大きくパフォーマンスが向上すると思われる物件も少ないので，暫くは体制整備を中心とした保守的な運用姿勢になると予想される。

　『総合評価』

　NCRは住宅専門REITとして，2番目に登場した銘柄であるが，同じ住宅銘柄のNRICの上場時に比べると，保有資産の質はやや良い。

　価格的には，取得競争の激化の煽りを受けて，やや高値取得となった物件もあるが，今後の資産運用によって改善出来れば，住宅銘柄として一定の位置を確保出来そうである。

　但し，保有物件も多い事から，資産運用会社への負荷が大きく，オリジネーターによって集められた人員が何処までの能力を発揮するかは未知数である。

　他の用途に比べて運用の難しいレジデンシャルセクターを新設の資産運用会社とPM会社だけで乗り切るのは大変なので，業務支援を行うニューシティコーポレーション㈱の協力が鍵にはなるが，この会社は元中堅デベロッパーを主体として設立された会社であり，必ずしも，この分野での実績が多くはないので，時間を掛けて体制整備を行う必要がある。

　この点では，日本レジデンシャル投資法人も同様であるが，上場後の物件取得戦略によって，一歩先を行った感があるので，暫くの間，NCRは，NRICに次ぐレジデンシャル銘柄2番目の位置に座りそうである。

　『投資家の視点』

　オリジネーターが外資系ということもあって，実態の見え難い銘柄ではあるが，保有資産の質としては先発銘柄に比べて特に劣ることもないので，資産運用体制の能力が判定項目になりそうである。

　公募価格が仮条件の上限価格になった場合，配当率も上限に近くなり，また，上場初年度ということもあって，配当金の大幅な上乗せは期待出来ないので，中期的視点でこの銘柄を見る必要がある。

　市場価格も，60万円を越える事は当面なさそうなので，穏かな投資姿勢を持った投資家には向いているとも思われる。

従って，この銘柄については，株価動向よりは，資産運用会社の体制と能力を，時間を掛けて吟味する事が肝要である。

　上場後は，外資系ということも影響して，暫くは株価が不安定な動きを見せそうであるが，本来，オリジネーターの力は限定的な範囲に留まるので，あまり神経質になる必要はないと言える。

『筆者の評価と投資態様について』

　REITのセクター分散にとって必要であった，新たな住宅専門銘柄が登場したことは市場にとっても投資家の為にも歓迎する処です。NCRの登場によって，JREITの住宅セクターが5％を越えて，近い将来10％を占める可能性も出てきました。

　また，住宅専門銘柄が2銘柄揃ったことで比較対照も可能となり，投資家にとってプラス面が大きくなりました。NCRについては，オリジネーターの実態が見えないという不安はありますが，一般的に懸念されているような，オリジネーターの利益の極大化という面は窺えません。

　従って，この銘柄を色眼鏡で見る必要もありませんが，一方，資産運用会社の内容も問題となるので目論見書だけでの情報では判断が難しいのが本音です。

　個々の保有資産を見ても，この質であれば大丈夫というレベルまでには達していませんので，投資態様としては中立です。今後は資産運用会社へのヒアリング等を通じて，この銘柄の実態と実力を明らかにしていきたいと考えていますので，また，改めてレポートを書く予定にしております。

6．JREITのリターン・リスク特性

(1) 不動産としてのJREIT

不動産を，証券化手法を使って有価証券に変換しても，不動産の持つリスクはほとんど軽減されないのが実態である。

不動産リスクを詳細に見ると多岐にわたるが，投資価値に関するリスクだけを見てみても次のリスクがある。

①不動産の主なリスク

＜不動産の資産価値の変動リスク＞

不動産バブル以前では不動産市場における不動産価値は名目GDP（Gross Domestic Product＝国内総生産）に比例した動きになっていたが，バブル後ではこの傾向も薄れてしまい，今日では不動産価値の変動要因が把握出来なくなっている。

・名目GDPと不動産の関係

GDPは企業活動によって生じる付加価値の総和なので，元になっている付加価値を日銀方式で見ると，＜経常利益＞＜人件費＞＜支払利子＞＜賃借料＞＜租税公課＞＜減価償却費＞の6項目に分解出来るが，バブル以前では，これらの付加価値は不動産に再還流する傾向があり，結果として不動産価格は名目GDPに比例した動きになっていた。

一方，今日では企業活動により生じたこれらの付加価値が，不動産へ還流する額が減少した事で，不動産価格が下落しており，名目GDPとの比例関係も崩れたと言える。

JREITは，かつて不動産に還流していたGDPを資本市場の一つである株式市場を通して再び還流させる機能を持っているので，JREITの拡大により不動産価値を下支えする可能性が期待出来る。

JREITを含めた不動産証券化事業の発展と伴に，過去の地価中心の価格形成から建物を含めた不動産全体から生じる収益によって不動産価値を算定する方向に動きつつあるが，日本には不動産収益のトラックレコードの蓄積が少ない為に，新しい資産価値の測定手段としては定着していない。

従って，不動産価値の形成メカニズムと変動要因が明確になるまでは変動性の高いリスクだと言える。

＜不動産市場の変動リスク＞

不動産市場の中で比較的長期のトラックレコードがあるのは，分譲住宅市場であるが，この分譲住宅市場は過去3～5年の周期で変動を繰り返していた。

この傾向は，今日でも該当するが市場の熟成と飽和と伴に市場全体のマクロの動きより個別不動産毎のミクロの動きを見る必要が生じている。

JREIT登場以前では，オフィスビルや商業施設では不動産売買事例も少なく，不動産取引市場としては存在していなかったので，新興市場としてのリスクが存在する。

＜賃貸市場の変動リスク＞

オフィスビル賃貸市場は2003年の新築オフィスビルの大量供給や2007年以降に生じる団塊の世代の定年退職による企業の賃借面積の縮小等，需給の変動による影響を受けるなど，常に，市場の需給構造の変化に晒されるリスクがある。

一方，賃貸住宅市場は需給が比較的安定した市場で，過去，賃料の変動幅も少なく，適切なマーケティングを基に供給すれば中長期の収益が確保され

るという特徴がある。

その他の用途の不動産（商業施設や物流倉庫等）は賃貸市場という形では存在していないので，個別不動産毎にリスクを読む必要がある。

＜不動産から生じる収益の変動リスク＞

高度経済成長期では経済活動の都市への集中（企業と労働人口）により，賃貸市場は常に需要が供給を上回る状態で推移していた為，賃貸収益も上昇基調にあった。

一方，今日のようにGDPが500兆円前後で横這いになる安定期に入ると，マクロの市場動向よりは地区別または物件毎のミクロの需給動向によって賃貸収益は変動する。

従って，今日の不動産賃貸収益は過去に比べると個別物件ごとのボラティリティ（変動性）が高くなっていると言える。

なお，賃貸住宅の収益の変動リスクは，オフィスビルに比べれば小さいものの，競合関係が複雑で，変動リスクを読むには，より専門的な知識と経験が必要となる。

＜不動産運用による資産価値と収益変動リスク＞

従来，不動産は企業または個人が自ら保有する形態が大半であった為，不動産を対象にした資産運用業務という業態は存在せず，不動産業界でもノウハウの蓄積がない。

今日，不動産証券化の進展と伴に資産運用業務の重要性が認識されつつあるが，資産運用業務の定義そのものも不明確であり，業務内容も確立していない。

従って，JREITでも資産運用会社の質による資産価値と収益の変動リスクが存在する。必要とされる資産運用業務の範囲と能力についての詳細は後述するが，一般的には，不動産業における，「デベロップメント機能」「賃貸管理機能」「不動産仲介機能」「建物管理機能」と金融・証券業における「投

資リスクのコントロール機能」「投資家への説明機能」等が組み合わされた総合的且つハイブリットな機能が要求される。

＜税法・不動産関係規制の変動リスク＞

法律等による規制や行政介入リスクは不動産に限った事ではないが、特に、不動産は税制も規制関係も複雑であり、且つ、頻繁に改正される傾向がある。

また、不動産関係の規制は法律だけではなく、地方公共団体の条例や行政指導によっても規制が行われておりその内容も複雑になっている。

また、建築材料の有害物質や土壌汚染物質の認定による除去リスクもあり、不動産を取り巻く規制リスクは増大する傾向にある。

(2) 有価証券としてのJREIT

不動産を有価証券に変換した事で、不動産の持つデメリットの一部が緩和ないし改善されることにはなるが、一方で、有価証券の持つリスクが新たに加わる事になった。

①有価証券変換による改善点

＜取引の容易性＞

不動産では売買要件として物件の引渡しがあるが、実際の物件引渡業務は専門領域の業務（建物チェック、土地の権利確定等）であり、一般には担える業務ではないが、有価証券に変換する事で、専門的で煩雑な業務から解放された。

＜取引の即時性＞

不動産取引では、売買を完了するまで早くても1ヶ月は必要とするが、有価証券取引に変換された事で、即日、行えるようになり取引期間による価格

変動リスクが大幅に軽減された。

・不動産取引における期間リスク

不動産取引では契約から引渡しまでに数ヶ月を要する場合が多く，引渡しまでの間に市場価格が変動してしまう等の要因により，契約履行が順調に終了しないケースもある。

極端な場合では買主または売主が手付金放棄や手付金倍返しで中途解約を行う例もあり，引渡しと残金決済が終了するまでは取引が確定しないというのが不動産取引の常識であった。

＜取引単位の小額化＞

不動産の取引額は1件当り数千万円から数百億円単位と大きいが，有価証券に変換することで数十万円単位に小額化され，決済方法の簡略化と取引判断の容易性が実現された。

②有価証券としてのリスク

＜流動性リスク＞

JREITの時価総額（平成16年12月現在で約1.6兆円）が株式等に比べると小さい事によって需給アンバランスによる価格変動リスクが加わった。

本来の投資価値による市場価格の変動だけでなく，数百口程度の売買によって市場価格が変動しており，市場終了間際では数口の売買によっても終値が大きく動いてしまう。

＜参加者リスク＞

不動産取引の参加者は限られた少数の人間によって行われているが，有価証券に変換された事で不特定多数の人間が参加する事になった。

参加者が増える事は，必ずしもリスクではないが，不特定多数の参加者による思惑の違いによる市場価格の変動リスクが生じることになった。

また，現在のJREITは地方銀行等の金融機関が大口出資主となっていて，大半の銘柄で金融機関の持株比率が50％を越えている状況にある為，偏った投資主構成による市場価格の変動リスクが高まっている。

＜風評リスク＞

不動産取引はクローズドの取引である為，風評リスクというのはほとんど存在しないが，有価証券に変換された事で株式と同じような風評リスクが加わった。

＜評価リスク＞

不動産取引では，個々の資産価値が客観的に評価される事もなく売買当事者双方の価値判断のみで行われるが，有価証券に変換された事で，証券アナリスト等第三者の評価による市場価格の変動リスクが加わった。

> 「不動産鑑定と不動産取引」
> JREIT等の不動産証券化商品では，不動産鑑定評価が多用されているが，一般の不動産取引では不動産鑑定評価は利用されない。
> 法人間取引では不動産鑑定が必要とされるケースもあるが，この場合であっても不動産鑑定価格は取引価格を側面から追認する形でしか使われておらず客観評価としての機能は持っていないのが実態である。

＜税制リスク＞

不動産税制は投資法人に適用されるが，投資家には有価証券税制が適用される事で新たな税制リスクが追加された。

有価証券税制による個人への配当金と売却益については，2008年4月までは緩和税率が適用されているが，標準税率に戻される事により取引の縮小等の変動リスクが存在する。また，法人に対してもJREITはB/S上「その他の投資」に区分されており，決算期毎の評価替えの必要はないが，将来この区分が変更される事による変動リスクも加わった。

Ⅲ. JREITと不動産市場の関連

不動産市場には大別して以下の6つのサブマーケットがある。
①分譲住宅市場（分譲マンションと分譲戸建住宅）
②貸家住宅市場（民間賃貸と公的賃貸住宅）
③注文住宅市場（個人新築住宅）
④不動産流通＜仲介＞市場（個人仲介取引と法人仲介取引）
⑤リフォーム住宅市場
⑥オフィスビル賃貸市場

　これらのサブマーケットの中で，JREITとの関連を持っているのは，分譲住宅市場，貸家賃貸住宅市場，不動産流通市場，オフィスビル賃貸市場の4つのサブマーケットである。

1．分譲住宅市場との関連

　不動産市場の中では最大のサブマーケットであるが，JREITに対する影響はレジデンシャルセクター（賃貸マンション）に留まる。
　賃貸マンション市場では，分譲マンションとして販売された住戸が賃貸に出される物件が多いために，分譲マンションの供給動向が地区の賃貸市場も左右する。
　例えば，最近の東京湾岸部での分譲マンションの大量供給は一時的に地区への注目度を高め賃貸需要も吸引するが，中長期的には住宅ストックの増加によって賃料水準が下がる傾向にある。また，東京の六本木地区に大規模マンションが供給されたことで，渋谷の賃貸需要を引き付け，渋谷の賃貸市場が低迷するという現象も起こるなど，大規模マンション供給が活発な東京都心部では賃貸マンション市場が流動的になっている。
　特に，JREITのレジデンシャルセクターは東京都心部の賃貸マンションを中心にして資産組成をしているので，分譲マンションの供給動向は，保有

物件の稼働率・賃料水準の変動要因になる。

2. 貸家住宅市場との関連

　貸家住宅市場には大別して公的賃貸住宅，民間賃貸住宅，給与住宅（社宅）の3つがあるが公的賃貸住宅と給与住宅は減少しており，市場の主流は民間賃貸住宅になっている。
　民間賃貸住宅の供給者としては個人が最も多いが，タイプ別にみるとワンルームタイプや鉄骨造の2～3階建の普及型賃貸住宅が主流である。
　外人賃貸住宅等の高級賃貸市場は，物件数は少ないものの以前より大手デベロッパーが参入してきて競争が激しくなっている。
　JREITが対象としている貸家住宅市場は高級型と普及型の中間に位置する日本人向け中高級賃貸住宅であるが，このクラスには分譲マンションの転用物件が多いので，賃料水準は常に保守的になっている。

3. オフィスビル賃貸市場との関連

　JREITにとって最も関連の深い市場であるが，2003年のオフィスビル大量供給により，既に，東京都内の事務所面積は量的には飽和状態にあるので，今後の市場動向によってJREITは大きな影響を受けると考えられる。

(1) 各種調査によるオフィスビル市場の動向

　オフィスビル市場について，様々なデータや調査資料が公表されているが，それらのデータからマクロとして読み取れる事は次のとおりである。

	賃料水準動向	売買動向
東京都内の動向		
築浅大規模ビル	強含み	売り手市場
築古大規模ビル	中立	※地区によって状況が異なる。
中規模ビル	弱含み	やや売り手市場
小規模ビル	下落	買い手市場
地方都市の動向		
築浅大規模ビル	中立	買い手市場
築古大規模ビル	弱含み	買い手市場
中規模ビル	下落	買い手市場
小規模ビル	下落	買い手市場

- 東京都内，特に，都心部の新築または築浅オフィスビルの賃料水準は2004年後半から強含みに転じており，今後も徐々に上昇する傾向にある。
  このため，JREIT等の取得価格も賃料水準の上昇を見越して高くなる傾向にある。
- 東京都内の築古大規模ビルは稼働率を優先している為に，賃料水準は低くなる傾向にあるが立地的に優れた地区では下げ止りしている。
  売買動向では，買い手がJREITと一部の私募ファンドに限定されていて，都内中心部等の好立地の物件は取引されるが，周辺部の物件は低調である。
- 東京都内では中規模ビルから大規模ビルへのテナント移動が目立っていて，賃料水準，稼働率とも低下傾向にある。
- 東京都内で最も弱いのが小規模ビルで，特に，築古ビルは売買取引自体が成立しない状況になっている。
- 地方都市ではオフィスビル賃料は未だ下落傾向にあり，東京との市場賃料格差が広がっている。売買動向では，賃料格差に見合った土地価格にまで下落していない事と買い手不在から買い手市場の状況が続いている。

4．不動産流通市場との関連

　サブマーケットの中で不動産が頻繁に売買されるのは不動産流通市場であるが，主たる取引は，個人所有の中古住宅となっている。

　不動産流通市場での法人間取引は例も少なく，また，取引価格がクローズドになっている場合が多いが，最近では法人間不動産取引データの収集が始まったことで，漸く，客観的な傾向が把握出来るようになった。

　都市未来総合研究所が発表したデータによると，2003年度に不動産売却を行った企業（公表件数の集計値）は，443社，件数は847件，売却額は2兆4087億円となっている。

　このデータにJREITが2003年度に取得した物件数と取得額を重ね合わせると，次のようになる。

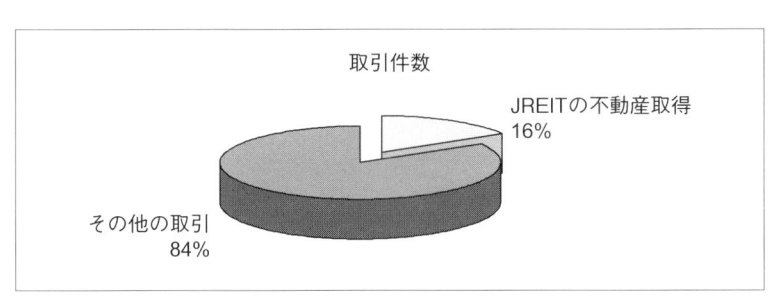

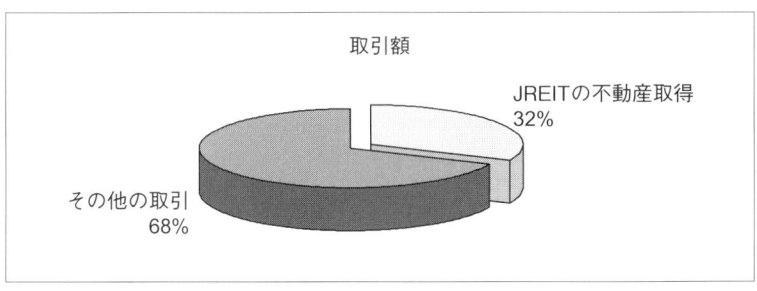

取引件数
- JREITの不動産取得 16%
- その他の取引 84%

取引額
- JREITの不動産取得 32%
- その他の取引 68%

このデータは2003年度の集計であるが、II章で触れたように、直近の集計ではJREITのシェアーが更に高まっていると考えられ、今後は、JREIT不動産市場との関連が更に強まると予想される。

(1) JREITの不動産取引

既に最大の買い手になりつつあるJREITの不動産取引が不動産市場に与える影響は大きくなっているが、市場から資産を取得する際には、不動産から生じるキャッシュフローを重視して投資対象を選別している。

この為、取得物件は、既存物件の中から現に収益の生じている不動産を購入対象とする為、取引は建物付き不動産に限られており、従来の取引の主流であった土地（更地）は対象とはならないので、土地価格に対する直接的な影響は少ない。

一方、法人間土地取引の主流であった、マンション用地等の更地や工場等の既存建物を取り壊して再開発するような不動産は、依然としてデベロッパーが主役ではあるが、最近ではデベロッパーが開発した物件をJREIT等のファンドに収益用物件として持ち込まれるケースも多く、JREIT需要が間接的に土地取引に影響を与えているとも言える。

① JREIT等ファンドの取得価格

ファンドが取得する価格は、立地と建物築年数そして用途に応じて異なるが、算定基準が明確化されているのが従来の不動産取引にはなかった特徴である。

< REITの取得可能価格モデル計算式＞
年間賃料収益（NOI）÷（キャップレート＝4.5％〜6.5％）＝A
A −（A × 4.56％）− 5,000千円−建物消費税＝取得可能価格（X）

※ NOI＝建物減価償却前賃貸利益

資産取得に係る経費
①仲介手数料　　　　　　　　　　　　取得価格×3％以内
②建物消費税　　　　　　　　　　　　建物価格×5％
③鑑定費用・デューデリー費用・弁護士費用　5,000千円
④資産運用報酬　　　　　　　　　　　取得価格×0.85％
⑤信託費用　　　　　　　　　　　　　取得価格×0.01％
⑥ノンリコース設定費用　　　　　　　取得価格×70％×1％

　取得価格を最も左右するのは上記計算式の中のキャップレートであるが，この率はファンド側の個別銘柄の事情や内部で設定されている取得基準によって多少の偏差はあるが，各保有物件の率を調べてみると次のようになっている。

JREIT取得物件のキャップレート（平成16年12月末現在のデータ）

オフィスビル

東京都内										
大手町・丸の内	3.68%	4.68%	4.75%	5.08%	6.45%					
八重洲・京橋・日本橋	4.08%	5.10%	5.16%	5.47%	5.93%	6.05%	6.26%	6.60%	6.99%	8.27%	9.20%
神田	5.26%	5.72%	6.57%	6.71%	7.11%	7.25%	7.36%	12.45%			
浅草	6.62%										
新橋・虎ノ門	4.93%	5.16%	5.31%	5.31%	5.45%						
銀座	4.72%	4.94%	5.23%								
赤坂	5.11%	6.04%	6.18%								
飯田橋	5.96%										
麹町	5.86%	6.00%	7.10%	7.83%							
三田・芝・白金	4.65%	4.67%	5.15%	5.73%	5.90%	6.04%	6.15%	6.16%	6.22%	6.68%	6.86%
〃	7.20%	7.25%									
品川・五反田	4.68%	6.25%	6.73%	6.94%	7.16%	7.46%	7.51%	8.18%			
目黒	8.45%										
渋谷	4.14%	4.53%	5.16%	5.44%	5.59%	5.63%	5.97%	6.01%	6.30%		
青山・恵比須・原宿	3.53%	4.81%	5.78%	5.81%	6.03%	6.20%	6.24%	8.69%			
新宿	5.20%	5.39%	5.41%	5.78%	5.89%	6.64%	11.62%				
高田馬場	5.90%										
千駄ヶ谷・代々木	4.62%	5.34%	6.80%								
大森・大井町・蒲田	7.17%	7.18%	7.41%								
池袋	4.70%	5.74%	6.36%	6.43%	7.32%						
用賀	6.10%										
立川	7.78%										
横浜	6.56%	7.22%	7.90%								
川崎	7.42%	7.77%	8.43%	8.93%							
新横浜	8.34%	8.47%	9.65%								
大宮・浦和	5.44%	7.97%	7.88%								
宇都宮	6.56%										
地方都市											
大阪	5.22%	6.38%	6.43%	6.49%	6.59%	7.10%	7.76%	7.90%	8.24%	8.56%	8.59%
〃	9.15%	9.28%									
京都	5.66%	7.97%									
神戸	7.04%	7.66%									
名古屋	5.93%	5.95%	6.35%	6.66%	6.82%	9.02%	9.54%				
広島	6.20%	6.83%	7.03%	12.56%							
福岡	4.63%	6.69%	7.30%	7.29%	7.74%	8.15%	8.76%	8.82%			
仙台	4.54%	6.44%	8.40%	8.94%							
新潟	7.68%	8.15%	11.92%								
金沢	8.12%	10.61%									
札幌	4.28%	5.62%	8.87%								

III. JREITと不動産市場の関連　89

商業施設（ショッピングセンター）

物件所在地	NOIキャップレート	テナント
東京都品川区	5.40%	イオン
東京都目黒区	6.15%	ダイエー
東京都大田区	6.32%	東急ストア
東京都西東京市	10.86%	西友
川崎市宮前区	7.07%	東急ストア
川崎市川崎区	5.39%	イトーヨーカ堂
川崎市鶴見区	7.81%	西友
横浜市金沢区	4.96%	イトーヨーカ堂
神奈川県藤沢市	5.83%	イトーヨーカ堂
神奈川県秦野市	6.99%	イオン
茅ヶ崎市茅ヶ崎	5.58%	イオン
千葉県我孫子市	6.31%	マルチテナント
千葉県松戸市	6.51%	イトーヨーカ堂
千葉県船橋市	7.39%	サミット
千葉県浦安市	5.95%	イトーヨーカ堂
埼玉県上福岡	6.12%	イトーヨーカ堂
埼玉県蕨市	5.74%	イトーヨーカ堂
札幌市東区	7.01%	イオン
仙台市泉区	7.57%	イオン
愛知県知多郡	8.37%	イオン
名古屋市緑区	6.63%	イトーヨーカ堂
奈良市西大寺東町	7.09%	マルチテナント
大阪府堺市	5.87%	マルチテナント
大阪府茨木市	6.05%	マイカル
芦屋市川西町	7.00%	ピーコック
岡山市	6.80%	イトーヨーカ堂
福岡市東区	7.26%	イオン
福岡市博多区	4.96%	マルチテナント
福岡市博多区	7.95%	ホームセンター
熊本県下益城郡	7.15%	マルチテナント

商業施設（商業店舗ビル）

物件所在地	NOIキャップレート	テナント
東京都港区（青山通り）	6.20%	マルチテナント
東京都港区（青山通り）	7.34%	マルチテナント
東京都港区（骨董通り）	5.44%	アパレル
東京都港区（骨董通り）	5.19%	アパレル
東京都渋谷区（渋谷）	5.09%	タワーレコード
東京都渋谷区（渋谷）	4.58%	マルチテナント
東京都渋谷区（渋谷）	4.61%	アパレル
東京都渋谷区（原宿）	5.61%	アパレル
東京都渋谷区（表参道）	4.28%	アパレル
東京都渋谷区（原宿）	4.01%	マルチテナント
東京都渋谷区（代官山）	5.08%	アパレル
東京都渋谷区（代官山）	4.49%	アパレル
東京都渋谷区（代官山）	5.49%	アパレル
東京都立川市	5.50%	ビックカメラ
川崎市宮前区	8.00%	金融機関
横浜市中区（元町）	7.25%	アパレル
大阪市中央区	5.25%	東急ハンズ
大阪市北区	6.31%	西武ロフト

賃貸マンション

ワンルームタイプ	
東京23区	
中央区新川	6.18%
港区芝大門	4.86%
港区芝大門	5.28%
港区芝浦	8.57%
港区芝	5.82%
港区赤坂	5.43%
港区南青山	5.98%
渋谷区宇田川町	4.79%
渋谷区上原	6.62%
豊島区上池袋	4.69%
豊島区南大塚	7.24%
豊島区東池袋	5.60%
新宿区荒木町	5.80%
杉並区高円寺	7.20%
中野区本町	5.55%
世田谷区駒沢	6.05%
首都圏	
川崎市川崎区	8.05%
さいたま市南浦和	5.82%
さいたま市中央区	9.00%
松戸市上本郷	5.63%
地方都市	
京都府宇治市	6.12%
福岡市博多区	8.16%
福岡市博多区	6.12%
福岡市中央区	8.24%

コンパクトタイプ	
東京23区	
中央区京橋	5.52%
港区六本木	6.24%
港区西麻布	5.41%
目黒区中根	6.15%
文京区西片	8.03%
文京区音羽	6.32%
文京区湯島	6.11%
文京区千石	6.16%
文京区小日向	6.11%
文京区白山	7.03%
文京区向ヶ丘	4.87%
渋谷区神宮前	4.86%
新宿区四ツ谷	5.65%
世田谷区尾山台	7.70%
豊島区上池袋	5.30%
大田区池上	5.84%
大田区池上	7.43%
荒川区東日暮里	6.85%
北区浮間	6.32%
北区東田端	7.49%
首都圏	
八王子市明神町	7.52%
千葉県船橋市	7.98%
地方都市	
名古屋市熱田区	10.74%
名古屋市千種区	7.99%

ファミリータイプ	
東京23区	
中央区新川	4.73%
渋谷区桜丘	4.90%
目黒区八雲	7.70%
新宿区下落合	5.64%
世田谷区若林	4.68%
世田谷区上馬	5.86%
豊島区高田	9.26%
豊島区南大塚	6.45%
首都圏	
川崎市宮前区	8.68%
横浜市鶴見区	7.03%
千葉県柏市	8.48%
地方都市	
名古屋市天白区	7.80%

ラージタイプ	
東京23区	
港区南麻布	5.21%
港区西麻布	3.79%
渋谷区渋谷	3.48%
目黒区下目黒	6.18%
新宿区払方町	5.09%
世田谷区岡本	3.51%
世田谷区砧	6.14%
杉並区西荻	7.80%
江東区冬木	7.74%

　この表のようにJREITは一定範囲のキャップレートで不動産を取得しているが，最近の取得競争激化により，キャップレートが下がってはいる（取得価格が高くなっている）。

但し，キャップレートが低下する事は，投資家への配当利回りを下げる事に繋がるので，自ずと限度があり，最終的には市場が要求する利回りによってキャップレートの下限が決まると言える。

JREIT 取得物件の NOI 利回りは各銘柄が取得時，または，決算時に公表しているが，本表のような全銘柄の保有物件を比較出来るようなデータが一般には公表されていないこともあり，市場側では個々の取得物件の価格妥当性の検証が充分に出来ていない。

② JREIT の取得物件規模

不動産ファンドの中でも JREIT は最も資金調達能力がある為に，比較的規模の大きい物件を取得しており，資金調達能力に劣る私募ファンドとは物件規模で棲み分けている傾向がある。

JREIT の取得物件規模

オフィスビル	50億円～400億円
商業施設	10億円～200億円
賃貸マンション	10億円～100億円

一方，一般的な私募ファンドではオフィスビル，商業施設では 1 物件 50 億円以下，レジデンシャルでは 10 億円以下の取得が主流になっていて，一部の価格帯では JREIT と私募ファンドが競合している。

③ JREIT の物件取得チャンネルと物件情報

JREIT へ持ち込まれる物件情報数は，各銘柄ともおおよそ年間 300 件前後になっているが，この中で実際に検討するのは約 2 割程度であり，更に，価格交渉まで進むのは検討物件の半分以下というのが実態である。

また，情報チャンネルとしては，信託銀行経由による物件情報も多いが，これらの物件は入札制となる為に，最近では REIT 間の競争もあって価格が高騰気味という傾向がある。その為に，REIT が最も重視しているのは，オ

リジネーターが保有している物件や，オリジネーター経由で持ち込まれる物件情報で，これらの個別交渉可能な物件を優先的に検討している．

以上の事から分かるように，JREITと不動産市場とは密接な関係にあり，今後は，JREITが不動産市場に強い影響力を与える事は確実であり，また，そのリバウンドでJREITは不動産市場動向の影響を受けることになる．

④ JREITは投資市場と不動産市場のブリッジ

従来，投資市場と不動産市場とは相関関係が小さく，株式投資と不動産投資（直接不動産投資）とは別のカテゴリーの中で動いていた．また，実需中心の不動産市場の中では不動産投資需要は特殊な存在でもあり，投資という視点で不動産を見るという考え方は薄かった．

このような不動産環境の中で，5年前ぐらいから不動産証券化が始まったが，関係するプレイヤーは金融・証券側からの出身が多く，不動産業界ではなじみの薄い手法であった．

2001年9月にJREITが始まり，大手デベロッパーが参入を始めた事で，一挙に，不動産業界にも証券化気運が広がり，不動産と金融・証券が融合した新しい商品であるJREITへの関心が急速に高まっていった．

JREIT登場当初と今日に至るまで，不動産証券化は金融・証券主導で動いており，証券側の考え方や見方によって不動産証券化商品が語られる事が多いが，JREITも私募ファンドも投資の本質から見れば不動産投資の範疇に入るべきものではあるが，不動産投資という視点を持たなかった不動産業界では充分に対応出来ないのが現状である．

一方，業界が対応出来るか否かという事とは関係なく，JREITはその仕組みによって登場から次々と資産取得を始めた事で，事実が先行し，資産調達を通じて，不動産市場と関係を深める事になった．

```
投資市場 →出資→ JREIT →資産調達→ 不動産市場
```

その結果，従来は繋がっていなかった投資市場と不動産市場がJREITを介して結び付くようになり，JREITの拡大発展と伴に，更に，両者を繋ぐパイプが太くなっている。

⑤証券化による不動産バブルの再発について

ファンド間の物件取得競争の過熱により一部の収益用不動産の価格が高騰しておりバブルの再発を懸念する声もあるが，前述したように投資市場と不動産市場のブリッジとなるJREITの仕組みを見ればその可能性は極めて小さい。

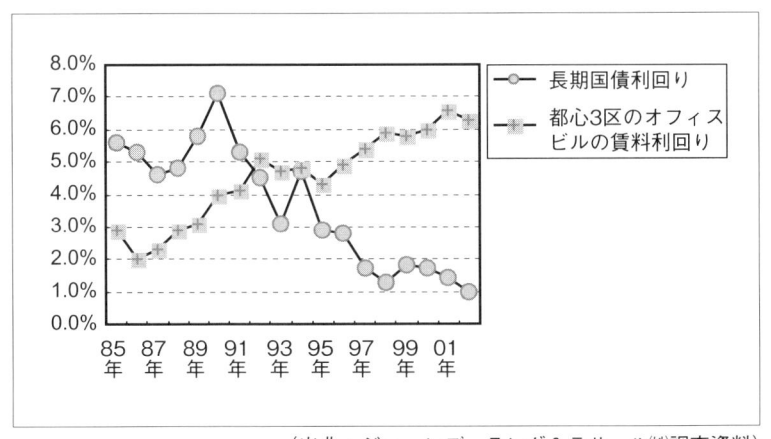

（出典；ジョーンズ・ラング＆ラサール㈱調査資料）

上の表は，長期国債利回りと都心3区のオフィスビルの賃料利回りを比較したものであるが，不動産バブルの起こった1986年から1990年を見ると，オフィスビルへの不動産投資利回りが国債投資よりも3％も低いリターンになっていて，逆スプレッド状態になっていた事が分かる。

この時はリスク・フリーの国債利回りを無視して，不動産取引が行われており，当時の不動産投資は，投資という範疇では行われていなかったとも言える。

　一方，今日のJREITは，不動産というよりは投資商品の一カテゴリーとしての投資市場に進出しているので，不動産バブル時のような投資の原則を無視した動きにはならないと言える。

　また，不動産バブル後に法整備も進み，地価が高騰すれば行政側も土地基本法に基づき必要な抑制措置を取れるようにもなっているので，少なくとも，JREIT等のファンド需要が旺盛になる事での不動産バブルの懸念はないと言える。

⑥ JREITによる不動産市場への影響

　既に，2004年初頭から不動産流通市場の法人仲介分野の現場ではJREITの存在が高まっており，JREIT等ファンドの仕組みの理解なくしては法人仲介業務が遂行出来なくなりつつある。

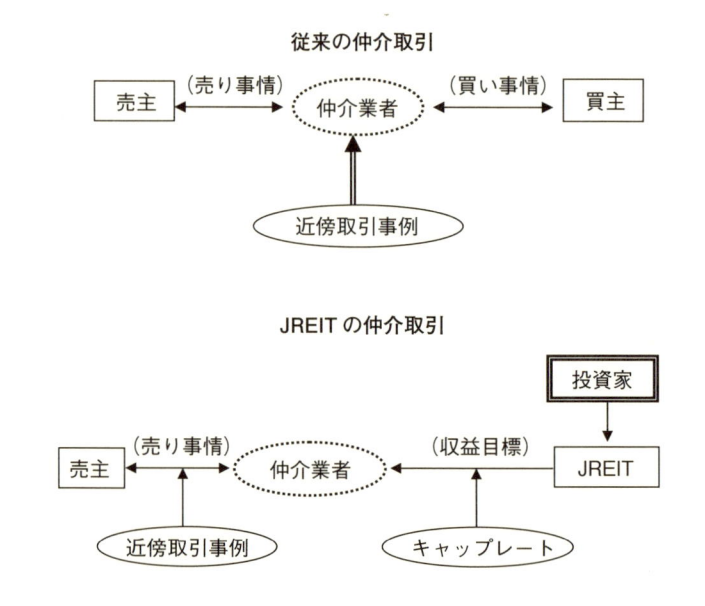

従来の仲介取引

売主 ←(売り事情)→ 仲介業者 ←(買い事情)→ 買主
　　　　　　　　　　　↑
　　　　　　　　近傍取引事例

JREITの仲介取引

売主 ←(売り事情)→ 仲介業者 ←(収益目標)← JREIT ← 投資家
　　　　↑　　　　　　　　　　　　↑
　近傍取引事例　　　　　　　キャップレート

図のように，従来の仲介取引ではクローズドのデータである近傍類似取引事例を仲介業者が売主・買主に提供し，双方の事情を調整する事で仲介が成立していた。

　一方，JREIT の取引では，近傍類似事例は売主側にとっての参考情報であり，買主側の JREIT は自らのポートフォリオの平均キャップレート（年間 NOI 収益÷簿価）を基にして取得可能価格を提示するので，仲介業者は JREIT 側の仕組みや市場の理解なくしては売主・買主間の調整が出来なくなっている。

　既に，JREIT は法人間不動産取引の最大の買い手であり，この JREIT 側の事情や仕組みを無視出来なくなっている事もあって，不動産流通市場の取引を徐々に変えつつある。取引価格の根拠も従来の近傍類似事例というクローズドで曖昧な情報（当事者間の事情による成約価格）ではなく，キャップレートという形で明示される客観的で且つ公表されているデータに拠るという取引に変わっている。

　この事からも分かるように JREIT の不動産取引の透明性は格段に向上しており，このような JREIT の取引が拡大発展するとともに不動産取引の主流を大きく変える可能性がある。

```
※今後の不動産取引の流れ
不動産価値………土地価格→収益価格
取引価格根拠……近傍類似取引事例→立地・建物築年数・用途に応じた
　　　　　　　　　キャップレート
取引形態…………非公開取引→入札制等の公開取引
```

5．収益用不動産の開発

　JREIT等のファンドの買い重要が旺盛になった事で，デベロッパー・ゼネコン等が収益用不動産の開発に取組む流れが出てきている。

　2004年からJREITの取得例が続いており，今後も開発型による物件取得が加速されると考えられる。

開発型取得例

<オフィスビル>

	札幌エルプラザ（NBF）	（仮称）白金一丁目再開発ビル（NBF）
物件所在地	札幌市中央区北八条西3丁目28番（地番）	東京都港区白金一丁目340番（地番）
土地面積	4,759.69㎡の内約23.22%の共有持分	4,373.93㎡
建物面積	34,463.75㎡の内34.33%の区分所有権	50,630.91㎡（予定）
建物構造	S・SRC造13F/B2	S・SRC造26F/B2
賃貸可能面積	8,461.09㎡	33,395.79㎡（予定）
取得先	大成建設株式会社	有限会社プラチナ・インベストメント
建築スケジュール	平成15年3月31日竣工	平成15年9月1日着工 平成17年11月30日竣工（予定）
契約スケジュール	平成14年12月25日売買契約締結 平成15年11月5日引渡	平成15年9月30日売買契約締結 平成18年3月31日引渡予定
取得価格	31.95億円	276～310億円の範囲内

	虎ノ門琴平タワー（NBF）	（仮称）東銀座スクエア（NBF）
物件所在地	東京都港区築地一丁目1308番（地番）	東京都中央区築地一丁目1308番（地番）
土地面積	3,467.30㎡の内の準共有持分（約79%の地上権）	939.58㎡
建物面積	29,828.90㎡の内の共有持分（約29%）	7,212.37㎡（予定）
建物構造	S・SRC造26F/B3	S・SRC造9F/B1
賃貸可能面積	4,925.57㎡	4,869.81㎡
取得先	株式会社虎門琴平会館ビル	株式会社モリモト・三信振興株式会社
建築スケジュール	平成14年10月1日着工 平成16年11月30日竣工	平成16年4月16日着工 平成17年3月28日竣工（予定）
契約スケジュール	平成16年9月17日売買契約締結 平成16年11月30日引渡	平成16年8月13日売買契約締結 平成17年3月28日引渡予定
取得価格	60.43億円	48億円

Ⅲ. JREITと不動産市場の関連

<商業施設>

	（仮称）浦和PARCO（JRF）	北青山8953ビル（JRF）
物件所在地	埼玉県さいたま市浦和区東高砂町13番（地番）	東京都港区北青山三丁目14-8
土地面積	11,222.09㎡の内の共有持分（7,961.74㎡）	351.37㎡
建物面積	108,173.72㎡の内の区分所有権（56,306.80㎡）	494.19㎡
建物構造	SRC造 10F/B4	RC造 2F/B1
賃貸可能面積	64,236.71㎡	492.69㎡
取得先	有限会社浦和ストリーム	株式会社オフィス・ミツキ
建築スケジュール	平成17年3月着工予定 平成19年9月竣工予定	平成17年1月竣工（予定）
契約スケジュール	平成16年12月28日売買契約締結 平成19年12月25日引渡予定	平成16年12月27日売買契約締結 平成17年2月1日引渡予定
取得価格	273.2億円	約9.9億円
テナント等	㈱パルコと20年間の定期借家契約締結	㈱ベストブライダルとNEWS（美容店）と5年間の定期借家契約締結

	キュポ・ラ本館棟（JPR）
物件所在地	埼玉県川口市川口一丁目700番（地番）
土地面積	15,008.28㎡の内の共有持分（1,100.74㎡）
建物面積	35,629.33㎡の内の区分所有権（5,963.00㎡）
建物構造	S造 8F/B2
賃貸可能面積	5,963.00㎡
取得先	大成建設株式会社
建築スケジュール	平成18年3月竣工予定
契約スケジュール	平成16年11月25日売買契約締結 平成18年3月末引渡予定
取得価格	21億円
テナント等	㈱マルエツと20年間の定期借家契約締結

<レジデンシャル>

	日本橋茅場町レジデンス（PIC）	プレミアステージ三田慶大前（PIC）
物件所在地	東京都中央区日本橋茅場町3丁目4-1	東京都港区芝五丁目14番10号
土地面積	479.93㎡	286.67㎡
建物面積	4,540.74㎡	1,748.20㎡
建物構造	SRC造 14F	SRC・RC造 10F/B1
賃貸可能面積	3,455.68㎡	1,597.73㎡（予定）
賃貸戸数	ワンルームタイプ135戸	ワンルームタイプ48戸，店舗2区画
取得先	松友商事株式会社・株式会社シードコーポレーション	株式会社モリモト
建築スケジュール	平成16年2月竣工	平成16年11月竣工
契約スケジュール	平成15年9月29日売買契約締結 平成16年3月26日引渡	平成16年3月26日売買契約締結 平成16年11月30日引渡
取得価格	24.3億円	15.8億円

	プレミアロッソ（PIC）	プレミアブラン代々木公園（PIC）
物件所在地	東京渋谷区富ヶ谷二丁目1389番7（地番）	東京渋谷区富ヶ谷一丁目1527番10（地番）
土地面積	495.80 ㎡	598.32 ㎡
建物面積	2,690.37 ㎡	3,162.73 ㎡
建物構造	SRC造13F	SRC造11F／B1
賃貸可能面積	不明	不明
賃貸戸数	コンパクトタイプ44戸	コンパクトタイプ60戸
取得先	住友不動産株式会社	野村不動産株式会社
建築スケジュール	平成16年12月竣工	平成17年6月竣工
契約スケジュール	平成16年12月28日売買契約締結 平成17年1月13日引渡	平成17年1月31日売買契約締結 平成17年7月20日引渡
取得価格	約16.6億円	23.3億円

	（仮称）水道橋マンション（NRIC）	エクセレントタワー乃木坂（NRIC）
物件所在地	東京都千代田区三崎町3丁目3-4	東京都港区赤坂9丁目220番（地番）
土地面積	658.28 ㎡	533.82 ㎡
建物面積	4,042.95 ㎡（予定）	5,260.46 ㎡
建物構造	SRC造14F/B1	RC造19F／B2
賃貸可能面積		3,485.00 ㎡
賃貸戸数	コンパクトタイプ66戸	コンパクトタイプ68戸
取得先	住友不動産株式会社	新日本建設株式会社
建築スケジュール	平成17年2月竣工（予定）	平成16年8月竣工
契約スケジュール	平成16年6月16日売買契約締結 平成17年3月引渡予定	平成16年6月28日売買契約締結 平成16年9月引渡
取得価格	23.3億円	39億円

	アパートメンツ西麻布（NRIC）	パークハビオ京橋（NRIC）
物件所在地	東京港区西麻布四丁目15-2	東京都中央区八丁堀三丁目7-4
土地面積	1,194.72 ㎡	541.65 ㎡
建物面積	10,834.93 ㎡	5,110.46 ㎡
建物構造	SRC造14F／B1	S・SRC造13F/B1
賃貸可能面積	7,078.64 ㎡	3,438.66 ㎡
賃貸戸数	ワンルーム・コンパクト・ファミリータイプ125戸	ワンルーム・コンパクトタイプ62戸
取得先	東京建物株式会社	三菱地所株式会社
建築スケジュール	平成16年7月竣工	平成16年8月竣工
契約スケジュール	平成16年10月27日売買契約締結 平成16年12月2日引渡	平成17年12月引渡予定
取得価格	79.2億円	約27.3億円

Ⅲ. JREITと不動産市場の関連　99

　以上のように開発型取得例は、オフィスビル4件、商業施設3件、レジデンシャル8件とJREIT全保有物件の5％以下ではあるが、今後もレジデンシャル系銘柄を中心として件数が増えると予想される。

＜開発型案件に取組む背景＞
投資法人側の事情
・物件取得競争により取得キャップレートが低下している為、一定範囲内の開発リスク（竣工後の稼動リスク）を負う事で、取得キャップレートの改善を図る。
・保有物件の平均築年数を低下させる為に、新築物件の取得を進める必要がある事。
・継続安定した物件取得を進めるには、デベロッパーとの連携を図り、開発型での物件供給を促す必要がある事。

デベロッパー側の事情
・分譲マンション市場の軟調により、事業リスクの回避と早期の売上確定を図る為、利益率の小さい一括売却事業にも取組む必要が出てきた事。
・事業継続を確保する為に開発物件を分譲用とするだけでなくファンドへの一括売却も含め処分方法の多様化を進める必要がある事。
・従来のデベロップメント事業だけでなく、フィービジネスも併せて展開する為にファンドに売却した後のPM業務へ参画する道筋を付ける為。
　以上のように、開発型に対する取組み姿勢は、投資法人側とデベロッパー側では思惑が異なるものの、分譲事業市場の軟調下では今後とも進捗すると考えられる。

問題点
・供給される地域に偏りがある
　収益用賃貸マンションでは賃貸需要が安定している都心部と都内城西地

域（世田谷・杉並・中野区等）に利があるが，この地域での分譲マンション市場は比較的堅調なので，持込まれる案件は分譲市場としてのポテンシャルが低い都内城東地域（中央区外縁部・江東区・台東区等）が多くなっている。
・デベロッパー側がファンドの仕組みを理解せず，投資法人が必要な情報を充分に準備出来ない。
・分譲事業利益率（一般的には粗利益率10％前後）に比べると，ファンドへの一括売却利益率は低くなるので，デベロッパー側は継続的事業としての取組姿勢が弱い。
・収益用物件としての必要な建物スペック・仕様等が標準化されていない。

6．不動産事業のリスク

　JREITによって不動産事業リスクについての関心が高まってきたが，従来，不動産事業リスクはデベロッパー等の内部機能によって消化されており，外部への情報発信が行われていなかった。
　一方，JREIT等の不動産証券化に際しては投資家及びレンダーにとって不動産事業リスクの把握が必要となってきている。

　＜不動産事業別のリスク＞
　以下に，都市計画法上の開発行為を伴う事業と建築基準法による建物建築事業のリスクの概要及びチェックポイント等を記す。

[都市計画法による開発行為型事業]

フロー	リスク等	対応等
開発許可条件事前調査		
↓		
用地取得	開発予定区域内の用地買収リスク 取得価格リスク	開発協力 代替地提供
↓		
事前相談	行政当局との協議	
↓		
近隣交渉，近隣説明	日照対策，電波障害，風害対策 眺望権，工事車両通行・騒音対策	補償金，CATV，植樹等 開発協定書締結 工事協定書締結
↓		
事前協議	行政当局との協議	
↓		
開発許可申請		
↓		
建物建築確認申請		
↓		
建物竣工		
↓		
建物仮使用承認		
↓		
開発行為竣工検査済証		
↓		
建物竣工検査済証		

① **事業期間リスク**

都市計画法による開発行為を伴う不動産開発は大型事業で見られるが，建物建築確認申請のみで行う不動産事業に比べると，開発許可取得までの期間が長期になる（約1年半）。

<u>チェックポイント</u>
「地域の行政機関によって期間リスクが異なる」

② **事業者リスク**

開発行為を伴う不動産事業は事業者の当時者能力と遂行能力がポイント。

チェックポイント
「事業リスクを見る時は，一般的に，事業規模と事業者規模は比例するとしてチェック」

③用地買収リスク
開発区域が広くなると土地所有者が複数にわたる場合が多く，予定区域内を完全買収出来ないリスクがある（虫食いリスク）。

また，買い進むにつれて，取得単価が高騰していく傾向があるので，所有者の状況を調べて交渉の順序や買収条件等を吟味する必要がある。

チェックポイント
「買収担当者の能力と経験によってリスクが変化する」

（開発協力）

買収が出来ない段階では開発同意書だけを取り付けて，開発行為の事前協議を行う事が出来るが，最終的には，取得するか，または等価交換等の手法で開発に同調して貰う必要がある。

（代替地提供）

オフィスビル等の開発行為では，区域内の土地所有者が金銭買収に応じない場合，代替不動産を提供して買収するケースもあるが，代替条件の交渉と代替不動産の提供が難題である。

また，解決までの期間が長くなる事に注意。

④近隣リスク
近隣リスクは不確定要素が多いリスクではあるが，経験豊富なデベロッパーであれば事前にリスクを想定して，見通しを立てられるので，事業者の当事者能力がチェックポイントになる。

チェックポイント
「近隣リスクは事業の実質的判断者の能力によって変化する」

(補償金)

　日照補償や工事被害（振動・騒音等）を補償等で金銭を支払う場合があるが，その範囲や金額の算定は一律ではなく，事業者の規模やブランドによっても変化するので，事業予算での近隣対策費の金額と対策内容をチェックする必要がある。

(CATV)

　建物電波障害対策では障害地域にCATVを敷設する事になるが，CATV網の維持管理費用についてもチェックが必要。

(風害について)

　高層建物と超高層建物で発生する場合が多く，また，建物形状によっても異なるので植樹等を使って緩和する方法も取られる。

　風害については風洞実験によってもシミュレーションは出来るが，実際の被害想定は難しく補償金支払いの対象となる場合もある。

(眺望権)

　裁判等で眺望権が認定されるケースは少ないが，近隣対策としては最も難しい要素の一つでもある。

(開発協定書)

　近隣住民又は町内会等と協定書を締結するケースが多いが，後の補償条項がチェックポイント。

(工事協定書)

　ゼネコンと近隣住民（または町内会）が締結するが，工事時間の制限や工事日の設定によっては実質的な工事期間が長くなる場合もある事に注意。

⑤許認可リスク

開発許可が得られないというリスクは稀であるが，建物の用途や規模によっては期間が長くなるケースもある事に注意。

<u>チェックポイント</u>

「ゼネコン，設計会社の能力も必要であるが，事業規模が大きくなると事

業者の説明能力も問題となる」

[建築基準法による建築確認型]
　既成市街地等では，開発行為を伴わない，建物建築確認申請だけで不動産事業を行う例が多い。

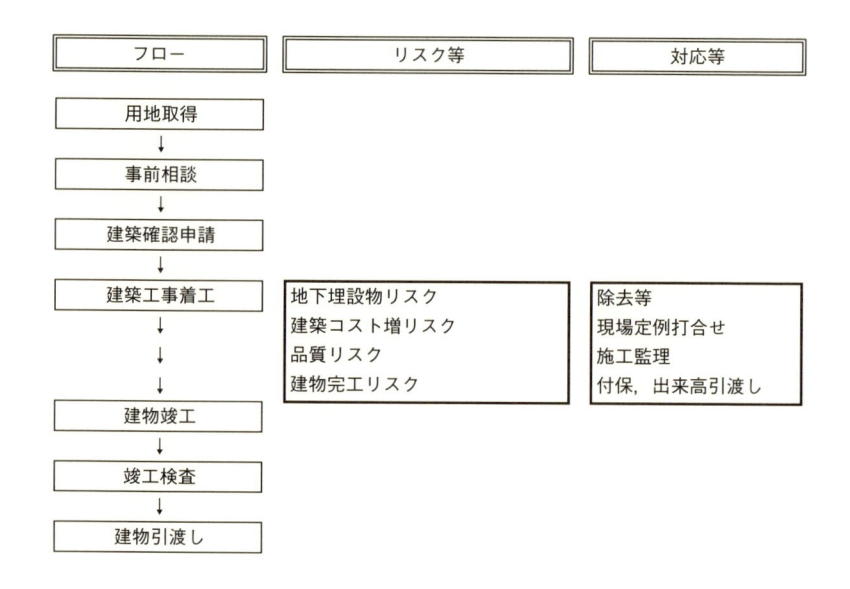

フロー	リスク等	対応等
用地取得 ↓ 事前相談 ↓ 建築確認申請 ↓ 建築工事着工 ↓ ↓ ↓ 建物竣工 ↓ 竣工検査 ↓ 建物引渡し	地下埋設物リスク 建築コスト増リスク 品質リスク 建物完工リスク	除去等 現場定例打合せ 施工監理 付保，出来高引渡し

①**事業期間リスク**
　開発行為と比べると建築確認申請期間は短いが（一般的には1ヶ月程度），特定行政庁毎に条例があるので事前にチェックされているかに注意。
<u>チェックポイント</u>
「事業規模に見合った設計会社が起用されているかをチェック」

②**近隣リスク**
　事業が開発行為でも建築確認申請でも近隣リスクには変わりはなく，前述と同様のリスクが存在するが，おおよそのチェックポイントは次の通り。

＜近隣リスクの小さい建物＞
・既成オフィス街（用途地域は商業地域）での超高層建築物
・既成住宅地での戸建住宅
・商業地域又は近隣商業地域での小規模店舗ビル
＜近隣リスクが中程度の建物＞
・第1種・第2種中高層住居専用地域での中高層マンション
・準工業地域・工業地域での中高層マンション
・第2種低層住居専用地域・第2種住居地域での低層マンション
＜近隣リスクが大の建物＞
・総合設計制度利用の超高層建築物
・住居系地域での超高層マンション

用途地域

都市計画法により定められた地域ごとに建築基準法によって用途制限と建蔽率，容積率が定められている。

市販されている都市計画図を見るか，最寄りの区役所等で閲覧出来る。

総合設計制度

建築基準法には，敷地内に公開空地を設ける事で，容積率を割増したり，斜線制限や建物の高さを緩和したりする制度があって，これを総合設計制度と言うが，大規模開発や超高層建築物の場合には適用例が多い。

＜建物用途と規模による近隣リスク例＞

最近の例では，東京都内等で超高層マンション建築による近隣紛争が多くなっているが，建物の敷地が商業地域であっても隣接する地区が住居系地域である場合に，より紛争が多くなる傾向にある。

また，都心5区内に残る中高級住宅地での中層マンションでも近隣紛争が起こる場合もあって一概に近隣リスクを読めないが，建物用途ではマンション，規模では大規模建物に近隣紛争事例が多いが，おおよその目安としてその地域にあまり見られない建物を建築する場合に反発が大きい。

また，建築時点で他のマンションでの反対運動が起こっている地区や，直近で紛争事例があった地区では，用途・規模・建物高さに関係なく近隣紛争に巻き込まれるケースもある。

＜近隣紛争リスクの見方＞
　近隣紛争を起こした建物の多くは法的には問題がなく，地域住民の感情的拒否による事が多いので，最終的には事業者側が強行突破を図る例も多いが，分譲事業等では販売に支障を来たす事もある。
　賃貸マンションや賃貸オフィスビルでは，募集に支障を来たすという事もあまりなく，時と伴に反対運動も沈静化する傾向にある。

『融資機関から見た近隣リスク』
　不動産事業用土地取得資金を融資したり，建築確認取得後に事業資金融資（土地建物資金）を融資したりする場合には融資機関にとっても近隣リスクの把握は重要となる。
　以前であれば，事業期間が長引いても地価の上昇によってリスクが減殺される事も期待出来たが，今日及びこれからは地価が上昇する前提では不動産事業が展開出来ないので，金利増によって資金回収が滞る事態もある。
　特に，ノンリコースローン融資では建物の完工リスクにも関わる事なので融資対象不動産の近隣リスクについては事業者側からの詳細な報告を得て，必要に応じて，専門家等のチェックを受ける等の措置が必要となる。

①地下埋設物リスク
　敷地の土壌汚染以外に工事着工後に見つかる地下埋設物のリスクがある。
　代表的な例としては遺跡や土器等の出土があるが，内容によっては長期間の工事中断と調査費用の支出リスクがある。
　なお，関東平野一帯では弥生土器や中世の遺跡等は一般的に出土するという前提で考えておく必要がある。
　また，戦争中の地下構築物等が埋設されている場合もあって，こちらは除

去費用が新たな負担となる。

　なお，敷地の土壌汚染については除去費用を考えると，資産価値がマイナスとなる場合もあるので，今日の不動産事業では最大のリスクである。

　チェックポイント
「建築工事が多い地区では事前調査で想定出来るが，それ以外は着工前の調査次第なので，工事を担当するゼネコン等から直接ヒアリングする等して情報を得ておく」

②建築コスト増リスク

　建物建築というのは如何に詳細な設計をしたとしても，建築中に様々な問題が生じるものであり，その対応には追加コストが必要な場合もある。

　一般的に，事業収支には建築工事費の追加費用が予算計上されているケースが多いが，その範囲内で収まるか否かは，事前の設計図のチェック度による。

　建築は請負形式なので，着工後に生じた問題の費用負担が明確になっていない事もあり，コストの把握とコントロールは発注者側にとって重要な業務である。

　チェックポイント
「必要に応じてコンストラクションマネジメント（CM）業者の起用を検討するか，経験豊富な設計事務所を起用する」

③品質リスク

　従来，建物建築における品質という概念が発注者側も施工側も弱いのが現実なので，品質を要求される不動産取引では品質の問題によって取引が成立しないという可能性もある。

　特に，長期保有するJREIT等を買い先とした不動産開発事業では要求する品質を充たしていない事で取引が成立しない事も考えられる。

　また，既存建物の場合も，JREITは一定の品質を求めている。

チェックポイント
「ノンリコースローン等を融資する側にとって，品質の確保は重要なので，融資審査時に品質についても考慮する必要がある」

④建物完工リスク
不動産証券化事業では建物完工リスクが早くから注目されていたが，実際の不動産リスクの中では比較的小さいリスクである。
ゼネコンの経営不振によって，工事中断等の完工リスクがクローズアップされた時期もあるが，過去の事例を見る限りケースとしては少なく，対処方法もあるので過大に見る必要はない。
チェックポイント
「不動産事業ではゼネコンの紐付きというケースもあるので，必要に応じてJVを組ませる等の措置を取るが，シェアー割で交渉が難航するケースもあるので，建築会社と事前に取り決めておく必要がある」

⑤建物竣工後のリスク
竣工後のリスクとしては建物に関する性能未達・欠陥等があるが，内容によっては深刻なケースに発展する場合もあるので，過去の事例をいくつか紹介する。

＜構造クラック＞
建物構造上の問題から壁等に亀裂が生じる場合があり，竣工後では修復が不可能となる。
また，外壁に面するガラスにヒビ割れが生じる事もあり，構造上の問題は特に深刻。

＜性能に関して＞
遮音性能に関してのクレームが多く，等級に応じた性能を確保出来ていない場合もあって問題が長期化するケースがある。

＜設備の問題＞

　マンション等では設備のクレームも多く，入居後では調査がしにくい事もあり，賃貸マンションでは予備部屋を用意しておく等の措置も取られる。

チェックポイント

「建築工期に余裕がない場合や現場工事監理がずさんな場合にこれらのリスクが増大するので，前述の品質リスクと併せて考慮する必要がある」

『ノンリコースローンレンダーにとっての課題』

　ノンリコースローン融資に際しては，融資掛目（事業資金の 60％程度）によってヘッジされるリスクもあるものの，不動産事業リスクの審査は重要なポイントになる。

　現在の貸し出しレートでは，不動産事業が順調に推移しなければ採算が取れないので，不良案件の審査能力が問題となる。

　特に開発型不動産事業への融資では，不動産事業リスクの判定がキーポイントになるが，これらを調査する専門職がほとんど存在しないので，自前で判定せざるを得ない。

　内部蓄積のみで不動産事業のリスクを読むには，かなりの年月が必要となるのでリスク判定の専門家の発掘と養成がノンリコースローン拡大の必須条件となる。

Ⅳ. JREITと株式市場・経済動向との関連

株式市場の時価総額（約300兆円）に比べるとJREITの時価総額（2004年12月現在で約1.8兆円）は微々たるものであり，また，投資家数も少ない（10万人程度）など株式市場にとっての影響は未だ少ないものの，逆に，株式市場からのJREIT市場への影響は年々高まってきている。

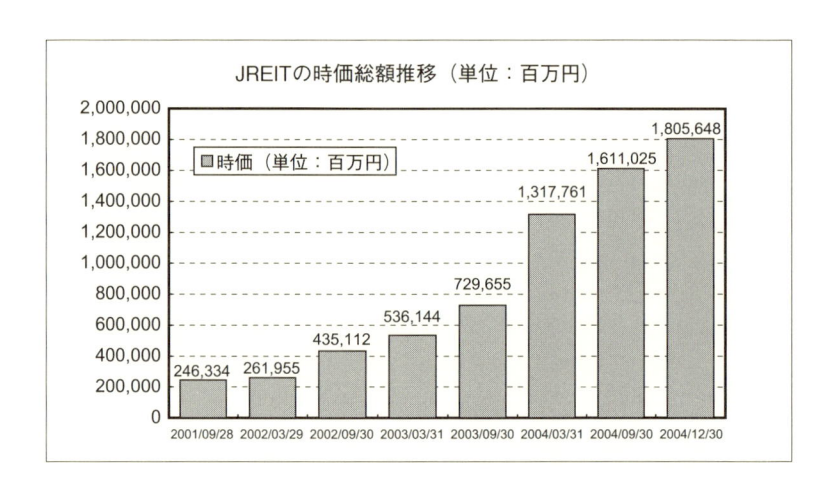

JREITの時価総額推移（単位：百万円）

日付	時価（単位：百万円）
2001/09/28	246,334
2002/03/29	261,955
2002/09/30	435,112
2003/03/31	536,144
2003/09/30	729,655
2004/03/31	1,317,761
2004/09/30	1,611,025
2004/12/30	1,805,648

　JREIT登場当初は2500億円程度の時価総額であった為，当時は，流動性の面から見て少なくとも2兆円程度の規模に達する必要があると言われていたが，漸く，3年半を経て当面の目標規模に達する状況である。

　2005年には，更に，多くの新規上場銘柄が予想されていて，増資を頻繁に繰り返すJREITの時価総額は株式に比べるとかなりの早いスピードで拡大していくと考えられ，2007年前半頃には4兆円規模に達する見込みである。

1. 株式との関連

　JREIT が登場して1年程度は東証 TOPICS や日経平均の動きに連動して順相関の関係にあったが，時価総額が1兆円を越えた 2003 年末頃より，相関関係が薄れており，一部では逆相関の動きにもなっている。

　この理由は，JREIT 登場当初では，商品性の理解が弱く，また，時価総額も極端に小さかった事で，オルタナティブ投資商品の一つという位置付けであった事が挙げられる。

　最近では，JREIT の商品特性の理解が進んだ事と多くの銘柄で信用取引が使えるようになった事で，株式相場が軟調の時に JREIT が買われるという傾向が見られる。

株価との相関度

　S&P が算出する S&P シティグループ・グローバル REIT インデックスによると，株価と REIT の相関度は次のようになっている。

グローバル REIT 指数（世界 10 ヶ国の上場 REIT210 銘柄）との過去 5 年間の相関度

対米国 S&P500 株価指数 ………………………… 0.283
対日本株指数 S&PJapan500 ……………………… 1.129
対 S&P シティグループ・グローバル株価指数 …… 0.353

　以上のように，株価と REIT の相関度は低くなっており，REIT を投資ポートフォリオに組み入れることによってリスク・リターン特性を改善出来るとも言える。

2．債券との関連

　株式とは逆相関の動きになる債券との関連を見てみると，確定利回りの債券のように投資運用環境に敏感には反応しないものの，JREITの配当利回りが長期国債利回りと比較されているために，順相関の動きもある。
　JREITの配当実績を見ると，予想配当金の実現度が高く，確定利回りに近いとも言える為，債券相場が上昇すればJREIT株価も上がるという現象が見られる。
　金融機関等の投資運用先が国債に偏っている現状を考えると，比較的安定していて高配当を実現しているJREITはポートフォリオにとって有力な商品であることもあって，債券と同時に買われているという動きもある。
　米国REITでは株式のみならず債券との相関度も低いという点が，REIT投資の魅力になっているが，日本では，時価総額の規模がまだ小さい為に，株式・債券といった伝統的投資商品と棲み分けるまでには至っていない。

株式とJREITの株価形成要因にみる経済動向との関連

	一般経済動向	米国市場動向	為替相場	国内金利動向	不動産市場動向
株式	◎	◎	◎	○	△
JREIT	△	×	×	○	◎

　株式相場は様々な要因の影響を受けるが，投資対象を不動産に限定しているJREITでは最も大きな影響を受けるのは不動産市場動向である。

(1) JREITと一般経済動向との関連

　JREITは未だ歴史が浅く，一般経済動向との関連を示す程のデータはないので，不動産市場の動きと経済動向を見てみると次のようになっている。

IV. JREITと株式市場・経済動向との関連

[図：新設住宅着工戸数と名目GDPの推移（平成6年〜平成15年）]

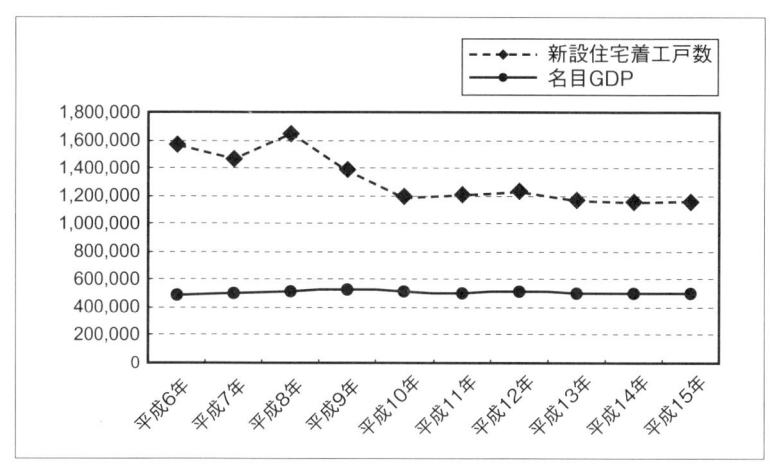

（新設住宅着工戸数は国土交通省の統計資料から，
名目GDPは内閣府の統計資料からの抜粋）

　過去10年間の新設住宅着工戸数と名目GDPの動きを見ると，平成9年までは相関関係の低い動きになっていた。

　かつての住宅市場は長期計画で住宅取得等を考えている個人需要を中心としている為に短期的な経済要因による影響が少ないとの説明が為されていて，景気動向からの影響よりはむしろ住宅需要がGDPに与える影響の方が重視されていた（因みに，過去最高の着工戸数は，平成2年の170万戸であるが，平成15年は116万戸と約30％も減少している）。

　平成10年からの着工戸数はGDPの伸び悩みと軌を一にするように変わったが，これは，バブル後の経済変動が短期的な循環変動ではなく，構造的な要因に因るものだからとも言える。

　以上のように，不動産市場の中の主要市場である住宅建築市場が，一般経済動向と歩調を合わせるようになったのは最近の傾向である為，不動産市場が何処まで一般経済動向と関連を持つのかは明確にはなっていないが，この傾向は無視出来ないとも言える。

① JREIT との関連

　JREIT では不動産市場の中の主要マーケットである住宅に投資している比率は 10% とオフィスビルに比べると低い投資シェアーになっているので，その分，住宅市場からの影響は小さい。

　最大の投資比率を持っているオフィスビルでは，2003 年問題（新築ビルラッシュによる供給過剰問題）に見られたように，内部要因の影響が大きかったが，2007 年問題と言われる団塊の世代の定年退職による事務所スペースの減少というマクロの動きによって大きな影響を受けつつある。

　なお，オフィスビル市場のストック量は大きいが，流動性は他のサブマーケットに比べると小さいため，むしろ，最大の買い手となっている JREIT の動向がオフィスビル市場をリードしていくと考えられる。

(2) JREIT と米国市場動向

① 現状の関連性

　不動産市場はどの国もドメスティックな市場であり，国際的な相関関係はなく，JREIT が米国市場等の影響を直接受ける事はないが，REIT という有価証券変換商品を通じて一部が繋がっているという状態にある。

　また，JREIT の投資主構成（P26. グラフ A 参照）を見ると，外国人投資家の割合は，最大の JRF で 21.6% となっているが，1 桁台の持株比率になっている銘柄も多く，JREIT 全体では 9.5% のシェアーに過ぎず，株式市場のように外国人投資家の動きによって株価が大きく左右される状況にはない。

② 今後の関連性

　最近登場している REIT のファンド・オブ・ファンズには，世界主要各国

のREITを組み入れて組成しているものがあるが，現在はJREITが含まれないタイプが多いものの，今後，JREITが組み入れられる率が増えれば，各国のREITの動きによる影響も考えられる。

例えば，米国REITの株価が下がったり配当率が低下したりした場合，その穴埋めにJREITを売却して益出しをする事もある。

これら，世界各国REITに投資するファンド・オブ・ファンズでは最大の市場規模（時価総額約30兆円）を持った米国REITがメインになるので，米国REITの動向によって，日本のJREITが売られたり買われたりするケースが生じると考えられる。

また，JREITと同様の規模を持つカナダ・オランダ，そして米国に次ぐ市場規模を持ったオーストラリア（時価総額約4兆円）のREITとの比較対照でJREITの組入れ率が変化する事もありうる。

(3) JREITと為替相場

現在，JREITの価値評価と為替相場の直接関連性はないが，将来，投資家の動きを通じての影響は考えられる。

世界各国でREITの創設が増えていく傾向にあり，伝統的資産である株式や債券との相関度の低さに注目されてREITが米国のように投資商品として地位を確保されるようになれば，グローバルマネーが為替の動きによって，本来の価値とは関係なく投資資金を動かす事も想定される。

仮に，円高が進めばJREITの配当利回りは低下し，ドル安となれば米国REITが相対的に有利になるが，JREITの時価総額が小さいうちは，ヘッジファンド等も触手を動かさなくても，一定の時価総額（オーストラリア並みの4兆円程度）に達した段階では為替の動きによる投資資金の移動によってREITの株価が大きく変動する事も考えられる。

(4) JREITと国内金利動向

　急激な金利変動はJREITに限らず，全ての投資商品に大きな影響をもたらすが，金利の穏やかな上昇局面でのJREITの影響は短期的よりは中長期的な影響が大きい。

　JREITは収益の100％配当性向を持っているために，支払金利の増加は，即，配当金の減少に繋がるが，どの銘柄も次期予想配当金の算出に際しては，多少の金利上昇を見込んでいる為に短期的には大きな影響はない。

　一方，長期にわたって金利が上昇していく局面では，配当金の減少傾向は止められない上に，JREITの特徴である高利回りのメリットが他の金融商品に比べて縮小される為不利になる。この問題は，金利上昇の要因によっても異なるが，現在の異常とも言えるゼロ金利政策の解除による金利上昇では，JREITにとっての防御手段は少ない。

　従来，賃料は景気の遅行指標とも言われているが，これは過去の経験則であり，既に，ストックとしては充分な量に達した賃貸用不動産が景気に追随するという保証はない。また，金利上昇による不動産開発コストの上昇も想定されるが，不動産関連融資が低調な現在の金融環境では，不動産価格の上昇も限定的になると考えられる。

　このような局面では，JREITにとって残された手段は，短期的には財務戦略（長短期借入金比率の調整，LTVの上昇等）と，資産入替えを見据えたアクティブ運用に活路を見出す事になる。既に，JREITの銘柄は，借入金の返済時期の分散化と長期借入金比率を高め，また，中長期の投資法人債発行の財務戦略を採っていて，徐々に，対応を始めている。

　なお，JREITにとって金利上昇の影響を最も有効に緩和させるのは，固定資産税の段階的減税や不動産流通税の特例範囲の拡大等不動産税制改革であるとも言える。

(5) JREIT と不動産市場動向

　JREIT の主要投資対象はオフィスビルになっているが，オフィスビルについては，賃貸市場は存在するものの，売買事例は少なく，JREIT の資産取得は狭い市場での動きになるので，特に，強い相関関係を持つ。
　2003 年のオフィスビル大量供給前では，JREIT に適した収益用ビル（新耐震基準建物＝1981 年以降に建築されたビル）の売り物が少なく，旧耐震建物にも投資対象を拡大する動きもあったが，2003 年の新築オフィスビルの大量供給により，東京都内のオフィスビルに過剰感が出た事と空室率の増加が生じた事で，一挙に，新耐震基準適合のオフィスビルの売り物が増えた。
　また，金融機関の不良債権整理の動きも，企業保有のオフィスビルの処分を加速し JREIT が取得出来るチャンスが拡大した。
　オフィスビル市場へ多大な影響をもたらした，2003 年のオフィスビルの大量供給は賃貸市場の空室率増加と市場賃料の下落という現象を引き起こしたが，一方で，売却物件の量を増やすという面もあり，JREIT にとっては内部成長（賃貸収益の向上）にはマイナスでも外部成長（新規物件取得による資産規模拡大）ではプラスという結果を与えた。
　JREIT の成長には資産規模の拡大が必須なので，今後も，オフィスビルの売買市場と賃貸市場の動きが JREIT の方向を左右していくと考えられる。

　商業施設の中で，JREIT が投資対象としているのは，GMS と呼ばれる大型ショッピングセンターと都心型店舗ビル，それとシティホテルである。
　従来これらの用途の不動産は，物件の絶対量が少ない為，売買市場は存在せず個別の取引となっていたが，JREIT という買い手の登場により，商業施設の取引が活発化している。

GMS等は，製造業の企業等が工場跡地を再利用して保有している例が多かったが，JREITの登場により，これらの物件が売り情報として不動産取引市場へ出回るようになり，多くのJREIT銘柄が競って取得するようになった。

　都心型店舗ビルでは，物件価格が10億円を超えるものは投資家が存在せず，取引自体が成立しなかったが，これもJREITの登場により売買事例が生じた事で，新たに都心型商業店舗ビルを開発する動きが商社やゼネコン等に起こり，今後は，商業施設も不動産取引市場に参加するようになると考えられる。

　シティホテルは，従来，ホテル業者自らが保有し運営を行っていたが，これもJREITの登場により，保有と運営を分離する事が可能となり，一部の大型シティホテル（藤田観光のワシントンホテル）がJREITに売却された。

　このように不動産取引市場では規模の小さかった，オフィスビルと商業施設はJREITの登場により活性化しており，今後も，両者は密接な関係で取引市場を動かしていくと予測される。

　次に，不動産取引市場の中で最も大きなシェアーを占めている住宅市場では，現状のJREITの保有物件は微々たる量なので，依然として分譲マンション市場の影響が大きい。
　従って，現状ではレジデンシャル投資比率の少ないJREITは市場に大きな影響を与えていないが，将来，JREITの保有資産の中に占める割合が商業施設並の25％程度までに拡大した段階では注目する必要がある。

　＜マクロな動きをもたらす分譲マンション市場＞
　分譲マンション市場は不動産市場の中のサブマーケットではあるが，その

動向は地域の定住人口を増減させる為，他の不動産市場へ大きな影響を与えるとともに一般経済動向とも密接な関連を持つ。首都圏の分譲マンションは企業の資産リストラによって放出された工場跡地での大型開発が活発化しており，最近では，東京湾岸地域に大型開発の分譲マンションが大量供給されている。都内港区・中央区・品川区の湾岸地域に供給されている分譲マンションの大半は一次取得者向け（初めて住宅を購入する層）に3500万円〜4000万円前後の価格帯に設定されている。従来，都内では一次取得者向けの分譲マンションが供給される事がなかったので，ここ1〜2年の大量供給によって，首都圏全域から購入者を誘引しており，この地域の定住人口の社会増をもたらしている。

（湾岸地域人口の社会増による影響）
　1000戸単位での大型開発が多く進められている為，この地域での人口の社会増が起こり，まず，商業施設系への影響が大きくなりつつある。
　従来，スーパー等は住宅の多い都内周辺部を中心として大型SCを出店していたが，この地域での人口の高齢化が進み日常品の購買力低下が起きている。
　一方，湾岸地域で供給されるマンションの購入者は30代から40歳前後と比較的若い世代が中心となっている事と，多くの購入者がマンション購入時の借入金返済比率を20％程度に抑えている為に，購買余力が残っている事で，この地域での消費が活発化しつつあって湾岸地域に近い商業地区（銀座・日本橋等）への影響が出ている。
　また，購入動機では職住近接を挙げている購入者が多い事もあって，今後もオフィスビルは都心3区へのニーズが引き続き強まると考えられる等，オフィスビルの立地と賃料水準にも影響を与える。
　今日のような消費社会では，人の移動が富の移動をもたらすので，従来，定住人口の少ない工場地帯であった湾岸地域に生じている急激な人口増は，徐々に，地域経済への影響を強めていくと考えられる。

(6) JREITと地価動向

　地価動向は，毎年，国土交通省から発表される全国公示地価をもって論じられることが多いが，取引事例を基にして作成される公示地価は実勢不動産取引に対して遅行性が大きい。

　また，商業地などの不動産取引では，公示地価作成の地区割りでは捉えられない細分化した動きにもなっている等，不動産取引と不動産市場の実態を正確に反映していないとも言える。

　また，JREITが決算期毎に発表する期末評価額は，建物を含めた収益還元法で算出されている為，キャップレートの変動が最も大きな要素となっていることもあり，近傍取引事例から算出される土地の公示地価とは異なる動きにもなっている。

　例えば，公示地価では同一地区の土地価格は一律の動きになるが，JREITでは，建物が大規模オフィスビルか小規模ビルかによってキャップレートが変わるのも珍しくない。従って，仮に，その地区の公示地価が上昇したとしても，築古小規模ビルを保有していれば資産価値の上昇はなく，むしろ，下落するという見方になる。

　このように，公示地価の動向からJREITの資産価値を見るということは，妥当性を欠く場合も多いのと，元々，JREITは資産を長期保有するので，公示地価の変動が投資家にとって実現利益や損失にはならないとも言える。

　この為，JREITの株価が公示地価動向によって左右される状況ではないが，一部の株式投資家は，これらの風評を好む傾向があるので，実際の市場取引に反映される場合もある。

Ⅴ. 投資商品としての JREITの特徴

不動産投資を有価証券に変換させた JREIT には，不動産投資としての特徴を残したまま，有価証券投資の特徴をあわせ持つようになった。

1．有価証券投資としての特徴

(1) 流動性

JREIT 出資証券の取引市場は，東京証券取引所と大阪証券取引所の株式市場の中に開設されていて，そこで日々売買が行われている。

因みに，東証 JREIT 市場の過去半年間の売買データを見ると次のようになっている。

東証 JREIT 月間・年間売買高（口数）

	売り	買い	差引き	合計
2004/7	107,625	109,558	1,933	217,183
2004/8	153,956	153,459	▲ 497	307,415
2004/9	144,519	145,151	632	289,670
2004/10	151,053	150,130	▲ 923	301,183
2004/11	146,595	145,992	▲ 603	292,587
2004/12	201,923	200,961	▲ 962	402,884
2004 年間計	1,755,591	1,753,587	▲ 2,004	3,509,178

東証 JREIT 月間・年間売買高（単位：千円）

	売り	買い	差引き	合計
2004/7	72,618,763	74,139,285	1,520,522	146,758,048
2004/8	101,373,339	101,016,441	▲ 356,898	202,389,780
2004/9	99,499,088	99,928,192	429,104	199,427,280
2004/10	104,240,674	103,727,912	▲ 512,762	207,968,586
2004/11	101,964,487	101,589,103	▲ 375,384	203,553,590
2004/12	134,663,450	134,208,399	▲ 455,051	268,871,849
2004 年間計	1,136,784,592	1,136,146,639	▲ 637,953	2,272,931,231

この月間データから一日平均の売買口数と売買高を算出すると次のようになる。

1日平均売買口数

	売り	買い	合計
2004/7	5,125	5,217	10,342
2004/8	6,998	6,975	13,973
2004/9	7,226	7,258	14,484
2004/10	7,553	7,507	15,059
2004/11	7,330	7,300	14,629
2004/12	9,615	9,570	19,185

1日平均売買高（単位；千円）

	売り	買い	合計
2004/7	3,458,036	3,530,442	6,988,478
2004/8	4,607,879	4,591,656	9,199,535
2004/9	4,974,954	4,996,410	9,971,364
2004/10	5,212,034	5,186,396	10,398,429
2004/11	5,098,224	5,079,455	10,177,680
2004/12	6,412,545	6,390,876	12,803,421

以上のデータから分かるように，東証の不動産投資信託市場では，合計で100億円／日台の売買があり，12月のように増資と新規銘柄上場が重なると120億円台の売買になる。

一方，株式の流動性は1兆円／日で，比較するとJREITの流動性は100分の1の規模しかなく，投資市場としてはまだ小さい。

但し，不動産市場から見れば，即日取引で50億円，月間で1000億円が確実に動くのは，画期的な流動性であり，不動産投資の視点で見ればJREITは高い流動性が得られたと言える。

(2) 投資家別売買動向

全体の売買動向を見ると，2004年の7月と9月が買い越しで，残りの

4ヶ月が売り越しとなっていて，年間でも若干の売り越しになってはいるが，JREIT銘柄の上場と増資の際の公募は東証の取引高には含まれないので，これらの公募分を含めれば，年間で2000口程度の売り越しを補う充分な買いが生じていると言える。

次に，2004年9月～12月の投資家別の売買動向を見てみよう。

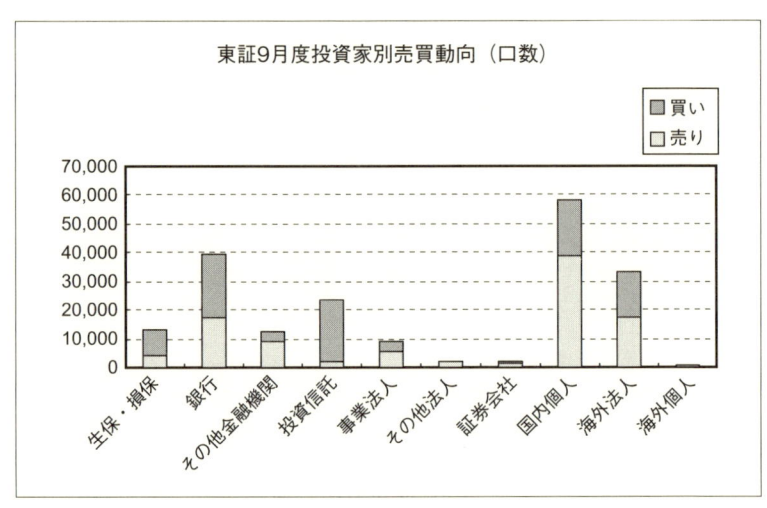

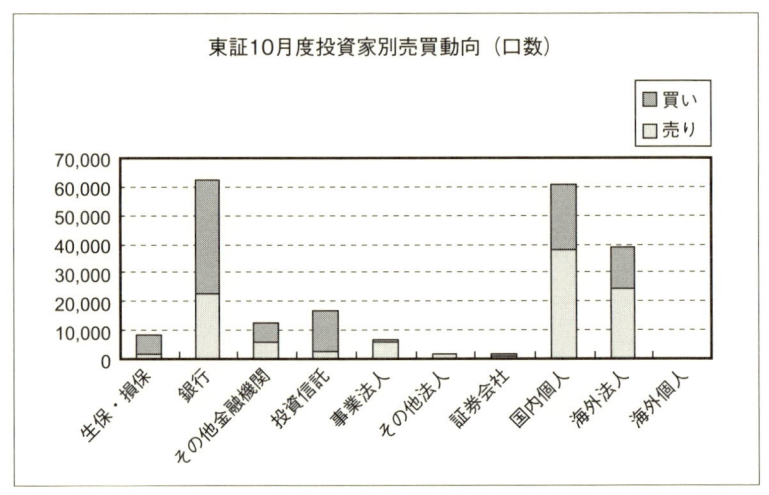

東証9月度投資家別売買動向（口数）

東証10月度投資家別売買動向（口数）

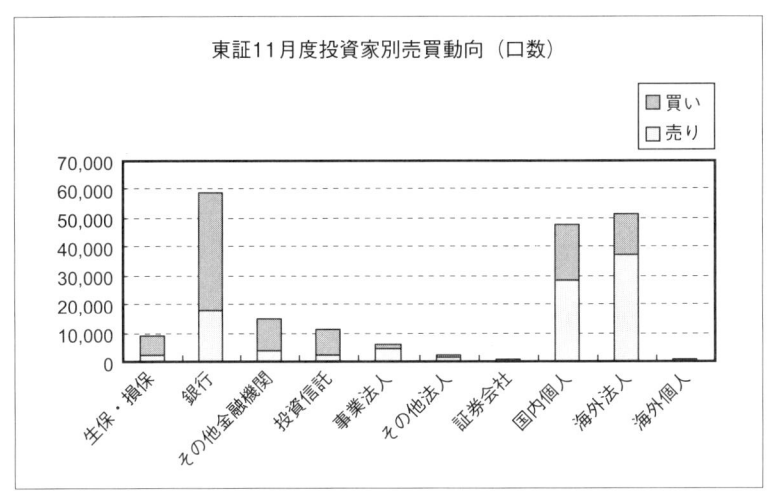

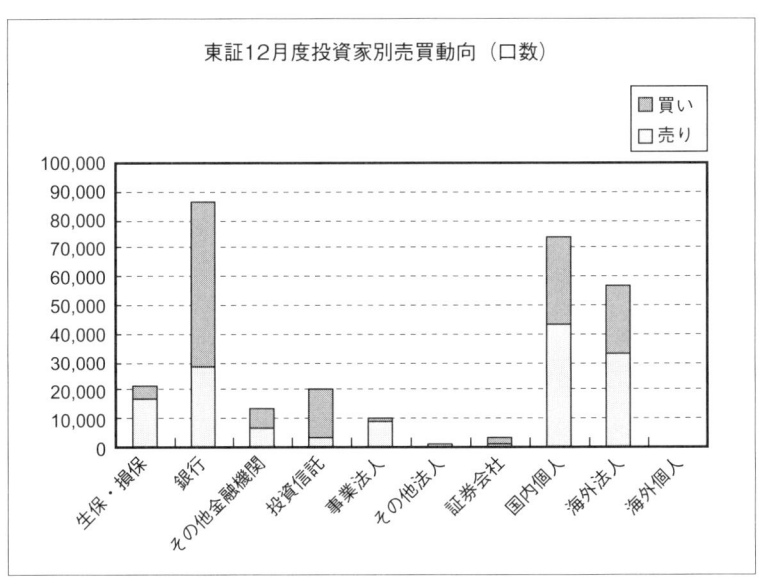

V. 投資商品としてのJREITの特徴　127

東証11月度投資家別売買動向（口数）

東証12月度投資家別売買動向（口数）

　JREIT市場での主要投資家は，銀行，国内個人，海外法人となっており，これにII章の「JREITの投資主構成」のデータを重ねると，次のことが分かる。

	個人	金融機関	一般法人	外国人	その他	合計
12銘柄計	24.20%	51.70%	13.10%	9.50%	1.50%	100.00%

- 銀行は最大の投資主であり，且つ，買い越しの主体となっている。
- 個人は金融機関に次ぐ投資主であるが，市場では一貫して売り越しになっている。
- 海外法人は，投資主としてのシェアーは高くはないが，市場では活発な売買を行っていて，ほぼ売り越しになっている。

以上のように，JREIT市場では個人と海外法人が売り越し，銀行が買い支えているという構図になるが，売買動向についてはもう少し掘り下げる必要がある。

①個人投資家の動向

JREITの上場と増資の際の公募では，個人投資家へ新規発行口数の50%以上を割り当てており，この買いを含めれば，必ずしも売り越しとは言えない面がある。

実態としては，個人は公募で買い，その後に市場で売るという売買を繰り返していると見られるが，2004年のデータでは，
- 年間での個人の売り越し口数は約20万口（東証売買データ）
- 年間の新規発行口数は約72万口（新規上場と増資を含めた新規発行口数，但しTGRを除く）

となっていて，仮に，新規発行口数の50%が個人に割当てられたとすれば，全体では個人は大幅な買い越しになっている。

②海外法人の動向

JREIT市場で最も明確な動きをしているのが海外法人である。

2004年主要投資家別売買シェアー

	売り	買い	合計
銀行	17.61%	29.39%	23.38%
個人	35.77%	21.57%	28.81%
海外法人	25.67%	20.34%	23.06%

　海外法人は，投資主シェアーでは10%以下でありながら，売買高は銀行・個人に拮抗している。海外法人に対する新規発行口数の割当率は大きくないことから，海外法人は市場で買い，それを売るという短期売買を繰り返していると考えられる。

　JREITの上位投資主名簿を見ると，海外法人の多くは，投資ファンドになっているので，恐らく，彼らは短期利鞘狙いも含めての運用を行っていると考えられる。

③銀行の動向

銘柄別金融機関の持株比率（所有口数比）（平成16年12月末現在のデータ）

	金融機関
NBF	55.0%
JRE	60.0%
JRF	54.7%
OJR	47.3%
JPR	56.3%
PIC	53.2%
TRI	42.6%
GOR	59.5%
NOF	55.5%
UUR	51.9%
MTR	38.1%
NRIC	46.7%
計12銘柄	51.7%

　上場15銘柄の中で，投資主構成を発表している12銘柄の金融機関（生損保を含む）持株比率は上表のようになっていて，保有比率は60%（JRE）〜38.1%（MTR）の間に分布している。

各銘柄の金融機関の持株比率は，毎決算期毎に上昇しているが，公募での引受に加えて市場での買い越しがその傾向を加速していると考えられる。

金融機関の持株比率が高いのは，かつての株式のような持合構造ではなく，

・ファンド・オブ・ファンズの設定増による需要
・年金資金の流入
・有力な投資先の少ない地方銀行の預金の運用先として需要

だと考えられる。

このように金融機関の持株比率が突出しているのがJREITの特徴ではあるが，一口に金融機関といっても，広がりは決して大きくない。

上位投資主と発表された国内金融機関の持株比率合計（平成16年12月末時点での決算発表データによる）を調べてみると，

JREIT発行済投資口数（12銘柄分）に対して，25.27%

となっていて，金融機関持株比率（51.7%）の，およそ，半分が上位投資主によって保有されている。

上位投資主として登場する国内金融機関は全部で41社あり，この41社の保有比率が前述の25.27%となっている。

更に，推定では，41社の保有比率は発表されない保有口数を含めれば，30%を越えていると考えられるので，JREITの最大投資主が銀行等の国内金融機関と言っても，その6割は特定の金融機関に偏っている状況である。

以上のように銀行等金融機関はJREITの株価を支えている投資家であるが，内容を詳細に見ると，特定の銀行に偏っていることが分かる。

投資主の偏りは，株価のボラティリティを高くするが，ファンド・オブ・ファンズの増加と，年金資金の流入は今後も続くと予想されるので，仮に，主要投資主の地方銀行の投資意欲が低下したとしても，暫くは，株価は堅調に推移すると考えられる。

＜地方銀行の動向と今後の流れ＞

　従来，JREITの主要投資主としては，比較的預金量の多い第2地銀が目立っていたが，JREITの実績が積み上がるにつれて，信用金庫等の参入も増えてきている。

　また，生保のシェアーも2004年より増加していて，一時の第2地銀集中は改善される傾向にある。

　地銀投資担当者は，自らのシェアーが大きくなることに不安を抱いていて，2004年後半から選別投資姿勢に転換しているので，今後は，金融機関の内容も徐々に変化していくと予想される。

　都市銀行は，保有資金量に比べてJREITの流動性の小ささから目立った動きを見せていないが，市場の拡大と伴に投資主として参加してくる可能性もあるので，暫くは，銀行等の動向がJREIT市場を左右すると考えられる。

(3) 投資家の多様化

　従来の実物不動産投資を見ると，投資家は限られた法人と個人であったが，JREITの投資家は金融機関・機関投資家・一般事業法人・外国法人・国内個人・外国個人と多様化している。

　また，これらの投資家の中には不動産知識がなく，金融証券の知識だけで投資している者も少なくない。

　この為，投資家の要求も多岐にわたっており，短期利鞘狙いの株式投資家からは目先の配当金増の要求が，外資系投資主等からは借入金比率を増やし，レバレッジを高めて配当率を上昇させるよう求められるなど，従来の不動産投資の範疇を超えた運用を考えなくてはならないようになっている。

　一方，投資法人側にとっても投資家の多様化は株価安定と資金調達には必須でもあり，新たな工夫も試みられるようになった。

＜投資法人債の発行＞

　エクイティ投資主として金融機関は地銀等が主流であるが，2004年までに実施した投資法人債の計13回の発行（NBF4回，JRE3回，JPR6回）は全て適格機関投資家を対象にしたプロ私募であり，こちらには都市銀行も多く参加している。

　また，2005年には，JRFとNBFが3000億円枠内での公募による投資法人債の発行を予定しており，従来，ややシェアーが少なかった一般事業法人の投資資金を呼び込もうとする意図が窺える。

(4) インデックスの利用

　株式・債券等の伝統的投資商品の取引ではインデックス（指標）が多用されている事で，JREIT投資にも採用されつつある。

　現在，利用されているインデックスは東証が発表するREIT指数があるが，ファンド・オブ・ファンズではこの指数を基にJREIT投資を行っている所が多い。

※東証REIT指数
　東証に上場しているREIT全銘柄を対象とした時価総額加重平均の指数で，TOPIXに準じた算出方法を用いて，平成15年4月より毎日公表されている。

　また，一部では長期国債利回りとJREITの利回りとのスプレッド（乖離率）を見ながら投資判断を行う投資家もいる。

　この他にもJREIT投資のインデックスはいくつか存在するが，実際の投資判断に役立つレベルには達していない。

2．不動産投資として新たに加わった特徴

(1) 価値の変動性

　本来，不動産価値は短期に変動するものではないが，JREITでは市場取引を通じて日々株価が変動している。

　株価は投資元本であり，JREITの投資元本は保有資産の不動産価値だと見れば，JREITの資産価値が毎日変動していることになる。

　理論的には，JREITの保有資産価値は収益還元法（10年間の想定賃貸収益の合計と10年後の想定売却価格との総和によって価値を算出する手法）によって算定されているが，実際は，取引市場での売買によって価格が変動するという二重価格的要素が生じている。

　市場取引を見れば，時間単位で不動産価値が変動していることにもなり，価値の変動性が大幅に高まったというのがJREITの一つの特徴でもある。

(2) 価格算定手法

　従来の不動産投資では，不動産価値の算定は近傍取引事例からの類推が唯一の方法であったが，JREITでは収益還元法という新しい不動産評価方法が多用されるようになった。

　これにより，不動産投資の価格判断にも，収益還元法の一つであるキャップレートが使われるようになった。

※キャップレート
　減価償却費控除前の賃貸利益（年間）を取得価格で割った数値で，投資のネット利回りを表わす。

(3) 情報開示

　不動産取引では売買価格や売買相手が公表されるケースは稀であるが，JREITでは投資法人の資産取得は取引価格と相手が公表される。
　また，決算毎に個別資産の賃貸収支も公表される等不動産取引に関わる情報開示は格段に進んでいる。これも，不動産を有価証券に変換したJREITならではの特徴である。

(4) 一般経済動向とのレスポンス

　従来，不動産への一般経済動向の影響は遅れて生じると考えられていた（不動産は景気遅行指標）が，JREITでは市場取引を通じて，様々な景気ファクターに敏感に反応するようになった。

　＜影響を与える主な景気ファクター＞
　・金利動向
　・債券利回り
　・インフレ・デフレ等の景気動向

　また，株式市場のように数ヶ月先の景気動向を織り込んでの市場取引も生じてきているので，将来，景気遅行指標から，先行指標に変わる可能性もある。

3．投資家との関係

　株式・債券等の伝統的投資商品と比べると，JREITの市場規模も流動性は小さいが，これらの投資商品との相関度が低い事で，投資家から分散投資対象として注目され始めている。

　JREIT時価総額推移グラフ（31頁参照）を見ると分かるように，JREIT登場時（2001年9月）は，2460億円の時価総額からスタートし，その後2年間で約3倍の7300億円には達したものの，投資商品としては流動性が小さく，JREITはオルタナティブ（代替）投資商品の位置にあった。

　2004年にJREITの時価総額が1兆円を越えた頃から，分散投資商品として注目され始めたのと，JREITを対象にしたファンド・オブ・ファンズが解禁された事で新たな買い手も参入し，一層市場が拡大した。

(1) 年金等機関投資家にとってのJREITの問題

①流動性

　年金等の機関投資家にとっては，1.8兆円規模の時価総額と日計平均売買高50億円程度では流動性が不足であり，未だ本格的投資は行われていない。

　時価総額4兆円，日計平均売買高100億円ぐらいまでの市場規模に達しないと，株式・債券のような主力投資商品の補完的位置付けにはならないとも言えるが，JREITがこの規模に達するには，後2年程度の期間を要すると考えられる。

②利回り

　不動産投資商品としては，私募による不動産ファンドが年10％以上の配当を出している事もあって，ハイリスク・ハイリターンを求める代替投資商品としてはJREITの利回り（年3～4％）にはあまり魅力を感じていない。
　私募ファンドの高利回りは，高い借入金比率（70％程度）によるレバレッジと保有資産の転売利益により実現しているものであるが，投資商品としては配当率の安定性が低く，また，出資金償還時の元本毀損リスクの大きい，ハイリスク・ハイリターン商品になっている。

③モニタリング

　年金等が行う不動産投資では資産運用のモニタリングを必要とするが，JREITの場合には，インデックスも整備されておらず，また，客観的評価データも少ない等，投資インフラの未整備がネックとなっている。

(2) 一般投資家にとってのJREIT

　2004年12月では，JREITは，既に，ETF（上場投資信託）と同数に近い銘柄が上場されており，株式・債券等の伝統的投資商品との相関度の低さも相俟って，投資分散の有力商品として順調に成長している。
　運用原資が比較的小さい，地方銀行，信用金庫等の中小金融機関や一般事業法人，そして個人投資家にとっては，現在のJREITの市場規模でも投資対象としては選択範囲に入るレベルであり，2004年からこれらの投資家の裾野が広がり始めている。
　個人投資家の中には，高い配当利回りと安定した株価を見て年金的感覚で投資するシニア層も増えているが，一方で，JREIT株価のキャピタルゲインが配当金の3～5年分に該当する値上りを見せると売却してしまうケースも目立っている。

また，ネットを利用したオンライントレードで信用取引を使う個人投資家も出てきていて，株式感覚でJREIT投資に携わる個人投資家もいる。

　元々，JREITは個人金融資産の新たな受け皿として考えられた商品であり，ペイオフ解禁後の個人金融資産の動向が注目されていることと，確定拠出型年金（401K）の運用先としての可能性もあり，潜在的には投資家層の拡大余地が大きい。

　但し，JREITという投資商品が一般に浸透するには未だ時間を要するのと，その仕組みやリスク・リターン特性を平易に解説出来る専門家が少ない事もあり，一般投資家層への啓蒙が進んでいないのが，現状の課題である。

　2005年以降には，更に，多くの新規上場銘柄が予想されているので，供給が需要を刺激するという面を含めて，個人を含めた一般投資家の動向がJREIT市場の将来の可能性を決定するとも言える。

Ⅵ. JREITの資産組成手法と今後の動向

JREIT 進出に際して，資産運用会社が最も頭を悩ませるのは，どのような資産をどのようにして集めるかである。

JREIT として上場する前の形態によっても資産組成手法が異なるので，上場前と上場後に分けて資産組成の手法について述べる。

1．上場前の資産取得方法の分類

(1) 資産運用会社と投資法人を設立し，上場前に私募ファンドの状態で不動産を取得保有し一定期間資産運用を行ってから上場する手法

①資金調達

不動産取得資金をノンリコース・ローンとオリジネーターからのエクイティ出資で賄う。

②資産取得

資産取得は小数私募のファンド形態を取る為，資産の収集は資産運用会社の比較的自由な判断で行われるケースが多い。

③資産運用

上場前に資産運用業務に慣れる期間が取れることと，徐々に体制を整備する時間的余裕がある。

＜留意点＞

・私募ファンドの時に第三者よりの出資を受け入れると，投資家への配当

を行う為に一定期間（2年程度）は私募ファンドとして運用せざるを得ない。
・物件取得はJREITを前提に質も重視しながら取得を進める必要がある。
・資産運用もJREITを前提にして行う必要がある（開示情報やトラックレコードの整備等）。
・バルク等で資産取得を行った場合は、必要に応じて上場前に保有資産を売却しなくてはならない場合もある（売却損が出るケースもある）。

(2) 事前に資産運用会社は設立し活動するが，投資法人は上場直前に設立し，上場時に新たに資産を取得する手法

①資金調達

不動産を取得しないので，投資法人の設立時の出資金払込（オリジネーターが出資）だけとなり，上場時に調達するエクイティと借入金で上場後に資産取得を行う。

但し，上場前に物件を確保する為の受け皿としてブリッジファンド（投資法人が取得するまでの繋ぎのファンド）を組成すれば，こちらでの資金調達は必要。

②資産運用

投資法人としては資産運用を行っていないが，資産運用会社では資産取得交渉やJREITへ組み込む予定の資産を保有しているSPC等の資産運用業務を開始している。

＜留意点＞
・上場後に取得する予定資産を確実に確保する手法を取らなくてはならな

い。
・ブリッジファンドを利用した場合にはSPC投資家との利益相反を調整しなくてはならない。

以上の2つの形態がある（但し，前者の手法で上場を行う場合も，上場時に新たな資産を追加取得するケースが多い）。

＜既存上場銘柄の分類＞
(1) の事例
　日本ビルファンド投資法人，オリックス不動産投資法人，日本プライムリアルティ投資法人，森トラスト総合リート投資法人，東京グロースリート投資法人
(2) の事例
　ジャパンリアルエステイト投資法人，日本リテールファンド投資法人，プレミア投資法人，東急リアル・エステート投資法人，グローバル・ワン不動産投資法人，野村不動産オフィスファンド投資法人，ユナイテッド・アーバン投資法人，日本レジデンシャル投資法人，フロンティア不動産投資法人

(1) の事例のように，私募ファンドの状態で一定期間運用を行うメリットは，
1. 私募ファンドの状態で資産を積み重ねて上場時の資産総額を大きく出来る事。
2. 上場前に資産運用体制を整備する期間が取れる事。

にあり，この手法を取るのは，設立母体であるオリジネーターが不動産会社の場合が多い。
(2) の事例がJREITでは主流だが，このケースでも，
①投資法人が従前の所有者から原始取得して資産を組成する。
②従前の所有者からオリジネーターが設立した私募ファンド（ブリッジ

ファンド）で，一旦，取得して投資法人に転売する。
③従前の所有者からオリジネーターが，一旦，取得して投資法人に転売する。

と3つのパターンがあり，大半の銘柄は上記3つのパターンのうち，②と③を多用している。

上記②と③の手法を用いるメリットは，
・投資法人の設立前から資産取得を行える。
・オリジネーター等が投資法人に売却する際に転売益が得られる。

等があるが，投資法人としては公募による資金調達が出来るまでの間，物件を確保出来るというメリットがあり，オリジネーターからみれば，不動産取引の工夫の余地が大きい事で，JREIT上場には（2）の事例が多くなる傾向にある。

＜上場前の資産組成の問題と課題＞

JREITの主目的は，投資家への配当金支払いにある為に，取得した不動産がもたらす収益の確保と将来の見通しが重要となるが，取得資産の質を優先すれば，安定収益は見込まれるものの高い収益率は望めない（優良不動産は取得キャップレートが低くなる）。

上場前の私募ファンドの状態ではエクイティ投資家からは，厳しい注文も少なく，比較的高いLTV（70％程度）により高配当を実現出来るので，安易な取得を続けてしまう危険性もある。

一方，上場後は市場からJREIT保有資産としての質も問われる事になるので，上場前の段階から質と収益のバランスを考慮しながら取得しなくてはならない。

JREIT進出の全ての銘柄がこの問題に直面しており，取得時のNOI利回りと建物築年数を考慮（築年数を経た中古物件は建物減価償却費を圧縮出来るので配当政策としては有利）しながら資産組成を行っている。

なお，上場後は配当率によって市場株価が形成される傾向にある為，配当

率確保を優先して築年数の経た建物を多く取得すると株価上は有利であるが，上場後の資産運用に負担が掛かるので上場後の追加取得政策と併せて考慮しておく必要がある。

2．上場後の資産取得

上場後に資産を追加取得する場合にはいくつかのパターンがある。

(1) 既存物件の通常の取得

JREIT投資法人は資金調達力があるので，通常の資産追加取得では短期借入金によって前所有者から取得する。

(2) 増資時の資産取得

JREITの増資では，増資資金の使途を定めて行う例が多く，増資発表時に併せて追加取得予定資産を公表するケースが多い。

この場合，増資資金の払込が完了するまで間，取得予定資産を確保しておく必要がある為，以下の2つの手法が採られる。

① 前所有者と売買予約契約を締結して資金調達が完了するまでの間物件を確保する。
② オリジネーターまたはオリジネーターが設立した私募ファンドで先行取得しておく。

(3) 新規開発物件の取得

JREITが，新たに開発される物件を取得する場合には銘柄によって投資

方針で未稼働物件の取得を制限している場合もあり，取得方法にも色々なパターンがある。既存事例を見ると，

①未稼働物件の取得制限のない銘柄（主としてレジデンシャル系銘柄）では，

　開発主体との間に停止条件付売買契約を締結して，建物竣工時に取得する方法が採られるが，停止条件には建物竣工の他にいくつかの条件が付けられている為に，開発主体側のリスクが大きくなっている。

　また，仕組み上から投資法人が多額の手付金を支払う事が難しく，開発主体側が事業資金を負担しなくてはならない。

　なお，レジデンシャル系銘柄が竣工を条件とした停止条件付売買契約によって開発型事業案件を取得する場合，契約締結から物件引渡しまでの期間を１年以内と定めている所が多い。

②未稼働物件の取得を制限している銘柄では，

　最もシンプルなケースは，予め１棟借りテナントが決まっている開発物件を対象にしてテナント入居（賃料発生）を停止条件にした売買契約を締結して取得する方法が採られる。

　事例：「代々木一丁目ビル」（ジャパンリアルエステイト投資法人）
　　　　「東苗穂ショッピングセンター」（日本リテールファンド投資法人）

　次に，複数テナントを対象にした開発案件では，テナント入居を停止条件としながらも，物件引渡し時の稼働率によって売買金額を一定の幅で上下させるオプションを付ける手法がある。

　事例：「白金一丁目ビル」（日本ビルファンド投資法人）

　なお，このケースでもJREIT側からは多額な契約手付金は支払われないので開発主体が事業資金リスクを負っている。

＜今後の課題と改良点＞

　JREITの新規開発物件の取得意欲は高く，今後も，前記①②の手法による取得が増えると予想されるが，開発途中の資金負担が開発側に残る点に改良の余地がある。

　特に，レジデンシャル（賃貸マンション）の開発は中堅デベロッパー以下が行う場合も多く，事業資金の調達が問題にもなる。

　本来であれば，契約時の手付金を事業資金に回して資金繰りに寄与させたい所であるが，JREITは利息の付かない手付金を多額に支出出来ないという制約がある。

(不動産変換ローン)

　一部では，開発物件の取得に際して，投資法人が事業主体に不動産変換ローンを融資し，建物完成後に所有権に変換するという手法を検討している（現在は投信協会の規制によって制限されている）。

　この手法を使えば，投資法人側に利息収入が発生するので，事業資金融資も可能となるが，貸出利率が3〜4％程度は必要となるので，現在の低金利下では事業主体によってはあまりメリットがないのが難点である。

(未完成建物の性能定義)

　開発物件の停止条件付売買契約では，完成建物に関する条件も多くなるが，日本の建築工事では性能発注の慣行がないため，投資法人が求める建物の性能やスペックの定義が必要となる。

　現在は，工事期間中にCM（コンストラクション・マネジメント）を導入する事でお互いの齟齬を来たさないようにしている例もあるが，賃貸マンションのように比較的物件総額の小さい建物ではコストオンが大きくなってしまうので，予め明確な基準を定義する事でコストを圧縮出来る。

(LCC)

　LCCとはLong Circle Costの事であり，建物のコストを完成後の維持管理費用を含めて把握して，全体として費用効率を上げることであるが，

JREITのように建物から生じる収益を前提として長期保有する場合，特に重要となる。

大規模オフィスビルでは，省エネルギー等を前提とした設計が行われるケースも多くなっているが，中規模ビルや賃貸マンションでは考慮されていない。

特に，賃貸マンションでは，オフィスビルのようにスケルトン貸し（内装のない状態で貸す方法）ではなく，テナント退去時の原状復帰義務も付いていないので，内装材や設備機器の耐用年数も重要な要素となる。

どのような内装を施し，設備グレードをどの程度にするかは，テナント誘致力にも関係するので，イニシャルの建築費だけでなく，リニューアル工事費用も含めて適切に仕様等を定めるようにしなくてはならない。

3．保有物件を再建築する場合

JREITでは資産を長期保有するので，何れは，建物を再建築する必要が生じる。現在は，未だ，JREITの保有物件が再建築された例がないが，今後10年以内には必要となってくる。

JREITの再建築手法について，一部の資産運用会社で検討はしているが，確実な方法がなく，具体的計画も進行していない。

（1）再建築の問題点

a．再建築期間中の賃料収入が途絶えるのをどのようにカバーするか。
b．既存建物の取壊しによる除却損をどのように処理するか。
c．JREITが開発主体となり得るか。
d．建物竣工後のテナント誘致リスクをどのようにヘッジするか。

以上の問題点の中でも，aとbが大きく，特に，除却損の発生する期の配当金が大きく減少する事は致命的な問題となる。

従って，JREITが保有したままで再建築するには，全体の資産規模を上げて，再建築物件の資産比率を相当に小さく出来るまでは実現可能性が薄いとも言える。

(2) 再建築可能なケース

JREIT保有物件の再建築を計画した場合，次の要素を充たしている物件が対象になる。

a. 建物価格を含めた帳簿価格が実勢土地価格と近似になっていること。
b. 現行賃料と再建築後の新築賃料との差があること。
c. 将来にわたりテナント需要が充分に見込まれる立地にあること。
d. 再建築建物は既存建物と同じか，または，それ以上の容積率（建物面積÷土地面積）が確保される見込みがあること。
e. 再建築プロジェクトを遂行してくれる協力者（オリジネーター等）がいること。

① 再建築シミュレーション

実際に投資法人が保有しているビルを取り上げて，シミュレーションをしてみると次の通りとなる。

なお，JREITが保有物件を再建築する場合は以下のスキームが基本となる。

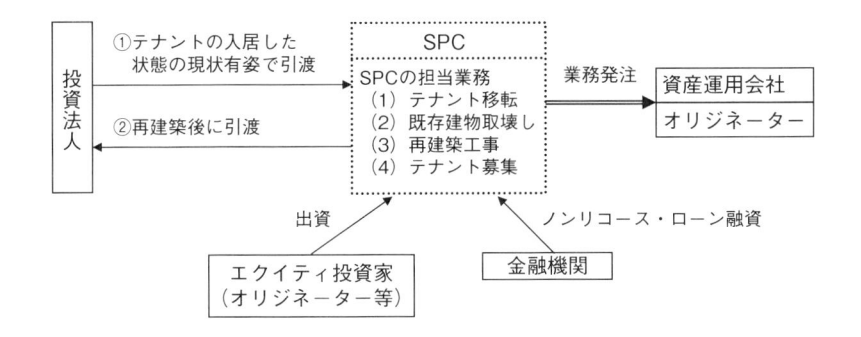

```
          ①テナントの入居した          ┌─────────────┐
          状態の現状有姿で引渡          │     SPC     │
投            ─────────────→       │ SPCの担当業務 │  業務発注   ┌──────────┐
資                                  │ (1) テナント移転│ ────→  │資産運用会社│
法          ②再建築後に引渡          │ (2) 既存建物取壊し│         │オリジネーター│
人            ←─────────────       │ (3) 再建築工事 │         └──────────┘
                                   │ (4) テナント募集│
                                   └─────────────┘
                              出資 ↑          ↑ ノンリコース・ローン融資
                       ┌──────────────┐    ┌──────────┐
                       │ エクイティ投資家 │    │  金融機関  │
                       │ (オリジネーター等)│    └──────────┘
                       └──────────────┘
```

Aビル（X投資法人保有）

（物件概要）

所在地	東京都千代田区丸の内
土地面積	5,495.49 ㎡（1613.92 坪）
既存建物	築 30 年の SRC 造地下 3 階地上 18 階建，建物延床面積 62,949.13 ㎡のオフィスビル
地区指定容積率	1000％
現行推定賃料	約 3 万円/坪/月
帳簿価格	72,237 百万円（第 6 期末簿価）
既存テナント	1 社

（再建築スキーム）

1. 投資法人がオリジネーター等と協力して，再開発プロジェクトの為のSPCを設立し，SPCに土地建物を譲渡する（上図の①）。

   譲渡価格　**72,237 百万円…a（帳簿価格と同額）**

   当該譲渡価格を土地価格だけとして換算すると，13,150 千円/㎡になるが平成 15 年の当該近傍地区の公示価格は 13,100 ～ 14,000 千円/㎡となっているので，取引の合理性がある。

2. SPCがノンリコース・ローンとエクイティ出資で土地建物取得資金を賄

う。
3. SPC にて現行テナントの移転を進めて，テナント退去後に既存建物の取壊しを行う。
4. SPC が建築資金をノンリコース・ローンとエクイティ出資で追加調達する。
5. SPC にて総合設計制度適用による建物建築を行い，併せてテナント募集も行う。
6. 建物完成後に投資法人に再譲渡する（前図の②）。

（投資法人の買受価格について）

再建築後の賃貸可能面積を既存建物と同じだと想定すると約 37,800 ㎡（レンタブル比を 60% として計算）となり，新規賃料を＠45 千円／坪／月として計算すると，グロス年間賃料は 6,175 百万円となる。

NOI を賃料収入の 75% として計算し，キャップレート 4.0% で取得価格を算出すると，約 115,800 百万円…b になる。

この計算で SPC の粗収支を見てみると，
SPC の原価　＝ 72,237 百万円（a）＋ 30,000 百万円（建築費）
　　　　　　＝ 102,300 百万円…c
投資法人への再譲渡価格 ＝ 115,800 百万円（b）
SPC の譲渡益 ＝ 13,500 百万円（b − c）…d
SPC の利益率 ＝ 13.2%（d ÷ c）

SPC の運用期間を 4 年と想定し，ノンリコース・ローンの借入利率を 2% で事業資金の 70% を賄う場合の，エクイティの利回りは，4 年間で 25.3% になる。

以上の検討から，本件の場合，SPC への譲渡価格にも合理性があり，再建築プロジェクトの収支も良好なので，充分に成立可能なスキームである。

Ⅵ. JREITの資産組成手法と今後の動向　151

Yビル（B投資法人保有）
（物件概要）

所在地　　　東京都港区赤坂

土地面積　　1,734.67㎡（524.74坪）

既存建物　　築32年のSRC造地下3階地上10階建，建物延床面積
　　　　　　16,272.05㎡のオフィスビル

（一部店舗）

地区指定容積率　　　700%

現行推定賃料　　　　約1.9万円/坪/月

帳簿価格　　　　　　11,829百万円（第5期末簿価）…a

既存テナント　　　　22社

（再建築上の問題点の整理）

1. 土地建物簿価を土地面積で割ると，6,820千円/㎡となり，周辺公示地価（3,100～3,800千円/㎡）との乖離が大き過ぎる。

2. 再建築後の新築賃料を35千円/坪/月と仮定し，既存建物と同じ賃貸可能面積（レンタブル比65%）で年間賃料を算出すると，1,343百万円となり，この賃料収入の75%をNOIとし，キャップレート4.5%で割ると，取得可能価格は**22,400百万円**…bとなる。

3. 既存建物の簿価と再建築後の取得可能価格との差額（a－b）は約10,600百万円となり，建物の建築費を8,000百万円としても2,600百万円の譲渡益が生じるので，再建築プロジェクトは，数字上は可能であるが，周辺新築ビル（山王パークタワー等）の稼働率を考慮すると再建築後のテナント誘致にやや懸念が残る。

(再建築スキーム)

前記の A ビルと同じスキームを使った場合の SPC の収支は,

SPC の原価 ＝ 11,829 百万円（a）＋ 8,000 百万円（建築費）

　　　　　　＝ 19,829 百万円…c

投資法人への再譲渡価格 ＝ 22,400 百万円（b）

SPC の譲渡益 ＝ 2,570 百万円（b − c）…d

SPC の利益率 ＝ 12.9%（d ÷ c）

エクイティの利回り ＝ 24.5%（4 年間）

　以上の検討から，本物件の再建築プロジェクトも成立可能ではあるが，A ビルと比較すると，再建築後のテナント誘致を含めて強力なパートナーが必要となるので，オリジネーターの協力度と展開力を事前にチェックしなくてはならないとも言える。

　また，再建築プロセス全体で見れば SPC の収支は成立するが，投資法人より SPC への譲渡価格の妥当性に問題が残るので，ノンリコース・ローンとエクイティの調達手法にも工夫の必要が残る。

　以上のように，資産の長期保有を前提とした JREIT では建物老朽化や設備性能の競争力低下により，再建築を検討する必要はあるが，保有している資産によっては，将来の土地の値上りに依存しなくてはならない物件もある。

　かつての不動産の再開発は土地の値上がりを前提として進められていた為，バブル後では大半の計画が頓挫した。

　JREIT のような長期不動産投資では，再度，不動産事業の原点に還って数字的な詰めと新しい事業モデルを作っていく必要がある。

Ⅶ. JREITの資産運用業務

不動産の運用業務については，ビジネスとしての歴史が浅く，その考え方やノウハウが不動産業界でも定着していない。

　不動産賃貸業の過去を見てみると，昭和40年代からの地価の高騰により，ビルや賃貸マンションの事業収支が悪化し，建物減価償却（当時は定率法が主流）後の利益が黒字化するのは15年から20年後以上という状態にあった。

　更に，収支計算上は2年毎に3〜5%程度の賃料UPを織り込むなど無理な収支が多くなった事で，賃貸利益ではなくNCF（ネット・キャッシュ・フロー）で収支を見るようになったが，更なる，地価上昇により，NCFベースでも赤字が続く状態になった。この時点から，ビル賃貸事業は，土地の値上がり益を期待するだけの投機事業になり，バブルに向かって走らざるを得ない状況になった。

　REITは不動産投資による賃貸収益を配当する仕組みであり，正に，不動産賃貸業だと言えるが，このように，日本では地価の高騰により賃貸事業が歪んでしまい，長らく本来の賃貸事業が成立しない状態にあった（バブル前に始まった不動産小口化商品も配当より土地の値上り期待の投機商品という体裁になっていた）。

　そしてバブル崩壊による地価の下落が始まり，低金利時代の到来とともに，不動産投資が再び見直され，賃貸収益を前提にした不動産事業が成り立つ環境が出来た事によりREITという商品が作られるようになった。

　従って，JREITでは投資家への配当原資となる賃貸収益の増加と安定化を図ることが資産運用会社に課せられた責務となる。

1. 資産運用業務

　JREITでは，保有資産の運用業務と取得資産の選定は投資法人より委託された資産運用会社（投資信託委託業者）が行う事になっており，資産運用

会社は以下の原則に則って実際の業務を行う必要がある。

＜資産運用業務の原則＞
・投資家の利益を最重要視する
・投資家の利益の最大化を目指す
・プロとしての運用業務責任を負う
・投資家への説明義務を負う

＜資産運用の考え方＞
　資産運用は，長期運用型のパッシブ運用と，入替え型のアクティブ運用に分かれるが，後者のアクティブ運用の場合は，物件取得の段階から繋がっていなければ，運用だけではどうにもならない。

＜アクティブ運用＞
　従来，私募ファンドで行われていたアクティブ運用は，稼働率の低い中古物件を購入し，リニューアルを施し，稼働率を上昇させて転売する方式であったが，買い手側の眼が肥えてくれば難しくなる。
　アクティブ運用のポイントは転売先の買い手の存在であり，買い手が具体的に想定出来なかったり，買い手自体が少ない物件では出口が成立しないケースが増えているので，取得段階での物件選定と見極めがポイントとなる。
　今日，不動産の買い需要は，JREITと私募ファンドが最大のシェアーを持っていて，一般事業会社，生保・損保等は不動産投資に消極的である。
　常に一定した買い需要があるのは，個人富裕層の不動産投資であるが，この需要は投資額の上限が約5億円以下となっている為，規模の大きい不動産はファンド間の売買しか期待出来ない。
　JREITの場合は，1物件当りの規模の大きい資産を保有している為，売却先は限定され，主として私募ファンドへの売却を前提にアクティブ運用を

行う事になる。

　但し，JREIT の中でも，レジデンシャル系の銘柄は，用途・物件規模からも個人富裕層への売却を前提にアクティブ運用を行う事も出来る。

　なお，過去の不動産投資を見ると，5年～10年も継続してアクティブ運用が出来た例はなく，時期を見て参入撤退を繰り返す間歇的なビジネスになっている。

2．パッシブ運用

　JREIT では，殆どが長期運用型のパッシブ運用が主流になっているが，一口に長期運用型と言っても具体的な内容が定まっている訳ではないので，必要とされる考え方と体制について述べる。

(1) AM 業務と PM 業務をクロスオーバーさせる

　長期運用では PM 業務（プロパティマネジメント）の重要性が増すので，PM 業者だけに頼ったり押し付けたりするのではなく，AM 側も可能な限り業務を把握し，更に，PM 業務や建物管理業務を遂行する際の方針を明確に示す必要がある。

　＜日常の修繕方針＞
　管球類の交換や機械消耗部品等の交換修理については，各管理会社や PM 会社が一定の基準を持っている場合が多いが，原則として予防修繕という方針を提示して，問題が生じる前に対応するという意識と体制を敷く。

　＜清掃に関して＞
　建物管理業務では，清掃業務が最もテナントの目に付く所であるが，大半

の管理会社では清掃業務に対する偏見があり，人員の質や体制がなおざりになっている場合が多い。

物件の規模にも関係するが，清掃体制や清掃業務の質を向上させるには，AM側で群管理等の管理物件の地域集中を念頭に置きながら進めていかないと，いくら要求しても実現はしないという事を理解しておく必要がある。

また，日常清掃等はいくら上部から指示しても，現場サイドには中々浸透しないという現実があるので，清掃責任者の質については，PM会社と一緒になって吟味する必要もある。場合によってはコストオンさせても，優良な人材を確保する事が早道でもある。

＜PM業務の必要作業＞

PM業務自体が明確に定義されていない事もあって，PM業者の遂行業務が曖昧になっているので，具体的な以下の要求業務を明示する必要がある。

・テナントの動向と満足度調査（場合によってはAMが担当する）
・地域マーケットの動向（賃貸業者からの情報聴取）
・地域のテナント動向情報（賃貸業者からの情報聴取）
・建物修繕個所の洗いだしと修繕計画
・建物管理業務の遂行状況
・清掃業務の遂行状況（日常清掃業務の適正度と定期清掃の実施状況等）
・管理要員の配置状況
・建物管理費の適正度（合理的コストダウンの検討）
・テナントからのクレーム等の状況

これらの項目について，定期的にPMレポートの作成を要求し提出させる。また，PMマネジャーの体制と担当物件の数等もAM側で把握しておく必要がある。

> PMマネジャーにとって日頃の情報収集は重要な業務である。
> 特に，中規模テナントの多いビルでは，マーケット動向を把握しておくことで，タイムリーな入替えも出来るし，賃料動向によるテナントの移動状況も把握出来る。
> テナントが退去する時は突然通告をされる場合も多く，事前に知ることは難しいが，他のビルの動向や実例を知る事は参考になる。
> その為には，日頃から地区に強い不動産賃貸業者との接触が必要なので，積極的な情報収集活動を要求したり，PMレポートには，該当する地区のマーケット動向の記載をさせる等の措置も必要である。

資産運用関連レポートの流れ

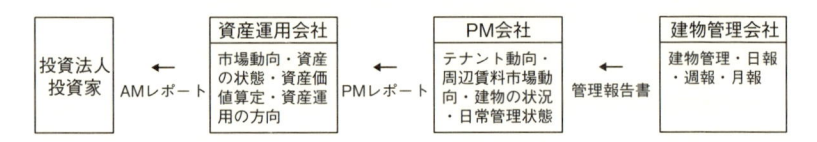

投資法人 投資家	←AMレポート―	資産運用会社 市場動向・資産の状態・資産価値算定・資産運用の方向	←PMレポート―	PM会社 テナント動向・周辺賃料市場動向・建物の状況・日常管理状態	←管理報告書―	建物管理会社 建物管理・日報・週報・月報

3．IT技術と資産運用業務

　品質管理や業務管理にITの活用は欠かせなくなっているが，不動産運用業務での活用は会計処理システムへの導入程度に留まっている例が多い。
　資産運用業務ではレポーティングが中核業務になるが，定期的に集積されるレポートや添付資料を効率的に整理し，容易に検索したり，データ加工したりする事が出来る等システムが必要となる。
　また，現場の状況を正確に伝えるには鮮明な画像転送が必要となるが，最近のIT技術の向上によってこれらを可能としてくれる。
　JREITのように，資産運用業務を投資家等の第三者に説明し，理解を求める必要のある組織では最も利用したい技術である。
　日常の資産管理業務や物件取得業務には膨大な資料が添付されていて，書類としての量も一般事業会社より多くなるので，紙ベースでの管理では限界があるが，電子化によって効率良い整理と集積が可能となる。

データウェアハウスは異なる拡張子を持った文書，画像，表・グラフ等のファイルを一元的に集積管理し，文字検索や時系列検索，作成者名検索などの多様な検索を可能とするシステムである。

　従来から，ソフトウェアは開発されていたが，大容量のHDD（ハードディスク）と高速CPUが必要となる為ハード面での問題があったが，最新技術を用いたサーバーとCPUならば難なくこなせるようになった。

　また，デジタル画像関係の技術の向上とコストダウン，そしてインターネットの高速化によって現場で撮影した数MBの画像をインターネットで転送し，必要に応じて，画像を編集する事で，より鮮明で且つ詳細な情報も瞬時にして得る事も出来る等，応用可能性も高くなっている。

　更に，ビデオカメラ設置による無人監視やセンサーを取り付ける事により必要なデータを得て中央管理センターが集中コントロールすることも可能である。

　従来の建物管理は有人管理が基本となっており，機械設備の保守管理には資格を有する技術者が必要とされるなど，合理的なコストダウンを阻んでいたが，IT技術を最大限活用する事で，保守管理業務を効率化し，余剰が生じた部分を管理のソフト面（入居者管理や清掃等）に回す事も出来る。

　現在，この面でIT技術を積極的に活用しているのはNBFの運用会社だけであるが，資産運用業務の効率化と迅速化には最大の武器となるので，他銘柄の積極的取り組みが待たれる。

　IT技術の業務への応用は，既存業務処理の体系化と目的の明確化，そしてIT技術の理解が必要となるので，操作レベルの知識では対応出来ないが，新しい分野の業務である不動産資産運用業務では早期に導入する事で精度向上が図れるのも確かである。

4．財務戦略

　JREITの資産運用業務の中でも，不動産投資における財務戦略は重要なポジションを占めるので，財務戦略構築の基礎となる考え方について解説する。

(1) 財務戦略の基本

①自己資本比率を意識する

　不動産投資を長期事業として捉えるならば，循環的に起こる景気の上下とそれに伴う稼働率や賃料水準の変動にヘッジする為に，自己資本比率は多い方が望ましい。

　従来の貸ビル業等では借入金比率が高いのが特徴であったが，これは地価が上昇し，含み益が生じるという前提での財務戦略なので，長期的な視点での不動産投資にはそぐわない。

　一方，不動産証券化に際しては，借入金によるレバレッジを利用して配当金を上昇させる手法も活用されるので，自己資本と借入金のバランスを図りながら財務運用を行う必要がある。

　表の自己資本比率を見ると，既存不動産会社の率（10％以下）と比べて格段に高くなっている。

　投資法人は導管体機能だけの組織ではあるが，経営指標の一つである自己資本比率だけを見ても，一般の不動産企業よりも安全性が高いことが分かる。

JREIT 各銘柄の主要財務指標（2004年12月末時点での直近決算期の数字）

銘柄名	略称	自己資本比率	LTV	DSCR	
日本ビルファンド投資法人	NBF	41.8%	50.8%	8.9	平成16年6月期
ジャパンリアルエステイト投資法人	JRE	53.3%	38.5%	12.7	平成16年9月期
日本リテールファンド投資法人	JRF	59.5%	14.4%	33.8	平成16年8月期
オリックス不動産投資法人	OJR	50.6%	42.0%	9.6	平成16年8月期
日本プライムリアルティ投資法人	JPR	50.3%	42.3%	10.4	平成16年6月期
プレミア投資法人	PIC	45.2%	49.4%	7.6	平成16年10月期
東急リアル・エステート投資法人	TRI	42.0%	48.9%	8.9	平成16年7月期
グローバル・ワン投資法人	GOR	34.2%	56.1%	7.5	平成16年9月期
野村不動産オフィスファンド投資法人	NOF	54.6%	37.2%	11.1	平成16年10月期
ユナイテッド・アーバン投資法人	UUR	46.6%	45.2%	10.5	平成16年11月期
森トラスト総合リート投資法人	MTR	64.6%	28.1%	30.1	平成16年9月期
日本レジデンシャル投資法人	NRIC	41.5%	56.5%	7.8	平成16年11月期
東京グロースリート投資法人	TGR	50.8%	44.5%	4.8	平成16年6月期
フロンティア不動産投資法人	FRI	—	—	—	
ニューシティ・レジデンス投資法人	NCR	—	—	—	

※ LTV＝総資産有利子負債比率

　次に、JREIT同士での比較でも、自己資本比率が高く出来るのは、高い収益性と成長性が維持されているか、または、信用力の高い銘柄となるので比較の目安になる。但し、各銘柄を詳細に見るには株式構成の分析が必要である。

　オリジネーターの出資比率が高かったり、株主構成が偏っていたりすれば、必ずしも正味の自己資本比率が高いとは言えない面もあるので、株主構成と関連させながら、コントロールしていく必要がある。

② DSCRをウォッチする

　DSCR（Debt Service Coverage Ratio）は、ネットキャッシュフローと借入金・社債等の利払い額との比率であるが、不動産運用業務では、アクティブ運用を行う限り、収益の大幅な増加は期待出来ないので、DSCRに余裕のある事が望まれる。

　この率は、高い程安全性が高いが、現在のJREITでは8倍～13倍程度と全体として高い率を維持しているが、海外投資家等からは米国REITとの

比較で保守的過ぎるとの指摘もあるので，充分な説明が出来る事が望ましい。

③経常収支を重視する

信託方式を利用した信託受益権を保有している場合には，実際の資金の流れを利用した財務運用は難しいが，実物不動産を組み入れている場合には，経常収支を把握する事で，財務内容の改善が図れる。

不動産賃貸業では実際の収支が先入れ後出しになっていて，常に一定の資金がプールされていることになり，規模が大きくなる程財務運用の余地が大きくなるので，経常収支を正確に把握する事はメリットが大きい。

④長期資本固定比率を高める

長期保有の資産は長期資本で賄うのが会計の原則であるが，金利選好によって，短期資金で賄うケースもある。なお，一般に貸ビル業等では，短期資金の比率が大きくなると，NCFが不足がちなのかと思われ危険信号とされる。

一方，頻繁に増資を繰り返すJREITでは，必ずしも，短期借入金の多さを問題とされないが，不動産投資の原則から見れば，少なくとも50％以上の数値は必要である。

(2) JREIT特有の財務戦略

①コメットメントライン

コミットメントラインとは，予め金融機関に対して借入枠を確保しておく融資契約であるが，JREITでは，物件の追加取得を行う際に，迅速な資金調達が必要となるので，この方式を導入している銘柄も多い。物件取得を不動産市場で行う場合は，支払の迅速化と確実性は大きな武器になるので有効

な場合もある。

②増資

　REITでは外部成長のためには増資が不可欠になるので，増資のタイミングと既存投資口の希薄化を考慮しながら，物件取得と関連させて計画しなければならない。

　現在のJREITの増資は，取得対象物件を明示しての増資が多く，ブラインドプール方式（増資資金の使途を特定しない方式）では行われないケースが多いが，現在の方式では，取得予定物件が一定規模に達するまでプールする仕組みとブリッジとなるスキームを作る必要があり，その分，コストオンとなる。

　また，増資による希薄化対策としては，従来は，物件取得初年度に固定資産税の支出がない事を利用するケースが多かったが，この方法は自転車操業に陥る危険性もある為，最近では保有物件の売却益を利用する方法が多くなっている。

　元々，増資による既存投資口の希薄化は必然とも言えるので，JREITの資産内容が評価されて株価が推移するようにならないと根本的対策は難しいとも言える（優良な物件が組み込まれれば，リスク・スプレッドが縮小し株価が上がり，期待配当率が下がるという循環）。

③特定社債と格付け

　JREITで特定社債を発行しているのは4銘柄程度であるが，大半の銘柄が格付けを取得する方向なので，今後は，特定社債の発行が増えると予想される。

　JREITのように長期運用を前提としているファンドでは，融資より長期の借入期間が設定出来る特定社債は有効な資金調達手段であり，現在の低金利下ではメリットも高いと言える。

　格付けについても，JREITは比較的高いランク（Aランク）が得られる

ので，格付け取得によって，融資の調達コストも下がるという反射効果もある。また，JREITの格付けは，デット部分に限定したものではあるが，年金等の大口投資家にとっては投資判断の一つの要素にもなっているので，大口投資家に対するアピールにもなる。

＜IR業務＞

資産運用会社におけるIR業務は，
・Web上のHPによる情報開示
・決算時の資料作成（決算短信・説明資料等）
・決算説明会の開催と報告説明
・投資家等からの質問に対する説明（随時）
・記者発表資料の作成

等が挙げられるが，情報開示の質的な基準が定まっていない為に横並び的な扱いになっている面もある。

(3) 不動産の情報発信の問題

不動産の情報発信については，不動産業界でも長い間懸案事項となっていて，正確に受け手側に内容が伝わるような情報発信が難しく，新築分譲マンションでは，現在でも，現物提示（モデルルーム等）が主流になっている。

また，情報の受け手側も，発信された情報を他の不動産情報と比較しなければ価値判断が出来ないという情報処理の問題があるが，比較情報の類が少ないのが不動産全般の問題でもある。その上，JREITでは，投資家への情報伝達の間接的役割を担う関係プレイヤーに不動産専門家が少ない事も情報発信方法の改良や質の改善を遅らす一因にもなっている。

＜不動産の比較情報＞

不動産を客観的基準で比較出来る項目は多くはないが，それでも，いくつ

かの要素を統一すれば外形的な比較は可能となる。

・建物容積率

容積率とは建物延床面積（建築基準法上の床面積）÷土地面積で算出される％数値であるが，数値が高い程高層建築になっていて土地の利用度が高い。

・レンタブル比

専有部分床面積÷建物延床面積で％表示となっている。

この数値が低ければ，賃貸面積の効率は劣るが，建物共用部分が広く取られているのでテナントの満足度が高くなる。

・建物基準階高と室内有効天井高

基準階高とは上下階の床スラブ間の寸法で，有効天井高は天井と床の仕上面からの寸法であり，この数値が大きい程3次元空間の広がりがある。

この3つの数値は，オフィスビル，商業ビル，賃貸マンションの比較に有効なので，JREIT各銘柄が表示するようになる事が望まれる。

この数値以外では，オフィスビル等で部分的に表示されている項目として，床荷重（床が支えられるm²単位重量＝○○○ kg/m²と表示される），電源容量（m²当りの使用出来る電源容量＝○○ VA/m²と表示される）があるが，全ての保有不動産には適用されていない。

(4) 情報発信活動の現状

JREITの日常の情報発信は，Web上のHPでの告知がメインとなっているが，制作会社が一社独占になっている為に，統一感はあるものの，質的な改良面での課題を抱えている。

次に，決算説明会等では証券アナリストの質問に対して，資産運用会社のトップが応答するのが慣例化しており，資産運用会社ではIR業務の為の情報収集と分析ニーズが高まっている。

また，決算説明資料では各種市場データを掲示して，自社の運用方針を説明する銘柄が増えてきており，外部からデータを有償で入手したり，分析を依頼したりする例が多くなっている。

　以上のように，JREIT の IR 活動は資産運用会社だけで対応するのが難しくなってきており，今後は，外部スタッフの有効活用が必須となる。

Ⅷ. JREITの分析評価項目

JREITの分析評価には次の3つの要素を見ることになる。
(1) 保有資産の質
(2) 資産運用会社の能力
(3) 財務戦略

しかしながら，これらの項目をインデックス等で比較する手法は確立しておらず，現在は，米国REITで使われている投資指標を準用している。

1．証券アナリスト等が使用する分析指標

・リスク・スプレッド

Ⅱ章の5（JREIT投資のインデックス）で説明したように，10年物国債の利回りとの乖離率を見て，JREITの配当率の妥当性を検証しているが，乖離率に一定の基準が確立していない為に評価指標としては定着していない。

・NAV（純資産価値）の乖離率

同じく，Ⅱ章の5（JREIT投資のインデックス）で説明したように，投資法人が決算期毎に発表にする1口当りの純資産価値と株価の差を見て，株価が純資産価値を上回っていればプレミアム，下回っていればディスカウントとする指標であるが，これには次の問題点がある。

 ⅰ．株価と純資産価値の差に基準がない。
 ⅱ．米国REITに比べるとJREITのプレミアム率が高すぎる。
 ⅲ．投資法人の発表する純資産価値そのものに客観性が薄い。

・株価FFO倍率

FFO（Funds From Operation）とはREITが運用によってもたらすキャッシュフローの事で，FFO＝当期純利益＋当期減価償却費によって算出する。

株価FFO倍率とはFFOを発行済投資口数で割り1口当たりのFFOと株価を比較した数値であるが，この指標にも一定の基準が定まっていない（株式投資指標のPERと同義）。

・DSCR（Ⅶ章の財務戦略の項目参照）

DSCR＝（当期純利益＋支払利息＋当期減価償却費）÷支払利息で算出される数値であるが，JREITは日本が低金利ということもあって，米国REITに比べて高い数値になっている。

・EV（Enterprise Value）とEBITDA（Earning Before Interest Tax Depreciation and Amortization）

EVとは企業価値で，エクイティ総額＋ネット負債額で算出する数値。

EBITDAは支払利息控除前キャッシュ利益で，FFO＋支払利息で算出する。

EV/EBITDAやEBITDA/EVの数値が使われるが，両者共一般化していない。

・財務分析指標

財務分析で使われる長期資本固定比率や長期借入金/有利子負債額も使われるが，JREIT投資法人は，企業としての活動実態が少ない為に，経営分析での資本収益性指標が多く用いられる傾向にある。

・その他の指標

株式投資で使われるPER（Price Earnings Ratio＝株価収益率）やPBR（Price Book Value Ratio＝株価純資産倍率）も株式投資との比較で使われる例もある。

参考；決算発表済12銘柄の主要指標（平成16年12月末現在のデータ）

	NBF		JRE		JRF		OJR		JPR		PIC	
決算期	平成16年6月期		平成16年9月期		平成16年8月期		平成16年8月期		平成16年6月期		平成16年10月期	
総資産額（期末）	366,200	百万円	257,372	百万円	200,686	百万円	174,868	百万円	182,253	百万円	84,619	百万円
発行済投資口数	280,700	口	260,400	口	219,502	口	175,372	口	430,000	口	79,400	口
自己資本比率	41.8%		53.3%		59.5%		50.6%		50.3%		45.2%	
LTV	50.8%		38.5%		14.4%		42.0%		42.3%		49.4%	
DSCR	8.9		12.7		33.8		9.6		10.4		7.6	
FFO倍率（当期）	33.38		39.71		38.8		32.91		32.57		30.56	

	TRI		GOR		NOF		UUR		MTR		NRIC	
決算期	平成16年7月期		平成16年9月期		平成16年10月期		平成16年11月期		平成16年6月期		平成16年11月期	
総資産額（期末）	122,583	百万円	72,121	百万円	173,545	百万円	86,260	百万円	127,959	百万円	61,087	百万円
発行済投資口数	98,000	口	48,400	口	184,650	口	83,738	口	160,000	口	50,882	口
自己資本比率	42.0%		34.2%		54.6%		46.6%		64.6%		41.5%	
LTV	48.9%		56.1%		37.2%		45.2%		28.1%		56.5%	
DSCR	8.9		7.5		11.1		10.5		30.1		7.8	
FFO倍率（当期）	34.27		28.19		37.50		27.94		42.33		24.22	

　これらの数値分析は机上で行うことが出来るので、証券アナリスト等は多用するが、数値によって比較分析出来るのは前述の3要素の中で財務戦略だけとも言える。

　財務戦略の分析では、調達金利水準、固定金利・変動金利の比率、残存借入期間、提供担保の有無等の項目を見て、各銘柄の財務戦略を比較しているが、投資対象不動産の用途や資産規模、更には、上場後からの経過期間等によって、異なる面があり、単純な比較は出来ないのが実状である。

　また、経営分析で行われているように、数値分析は、単に、数値の多寡でなくバランスの問題もあるので、これらの机上分析だけでは限界がある。

　実務上有効な分析手法としては、上記の数値分析に加えて、保有資産の調査や資産運用会社へのヒアリングを通じて、各銘柄の特徴や投資戦略を明らかにする必要がある。

2．評価の為の分析手法

・保有資産の質
収益用不動産の質の評価に際しては以下の項目を重視する必要がある。

ⅰ．取得時のNOIキャップレート（NOI÷取得価格）

　NOIキャップレートについては，JREIT登場以前のデータの蓄積がないので，今までにJREITが取得した不動産（約400物件）のデータとの比較になる。

　なお，JREITは数多くの不動産を保有する事で投資分散効果も求めるので，必ずしも，個々の不動産の取得価格の妥当性のみを論じることは出来ないが，近傍類似事例より大幅に逸脱しているケースはその背景を探ることで，投資方針をチェックすることが可能である。

ⅱ．建物築年数

　JREITでは個人税制との関係で，建物減価償却費は配当に回さず，投資法人が内部留保するので，配当原資の確保という面では，NOIよりも賃貸損益（減償却費控除後の賃貸利益）が重視される。この為，新築ないし築浅の不動産は建物減価償却費が大きくなり，NOIの数値に比べて配当原資となる賃貸利益が少なくなるので，配当政策上は築年数を経た不動産が有利となる。

　一方，収益用不動産として見れば，競争力や賃貸収益の安定性では新築または築浅物件が有利なのでJREITの資産取得には，常に，このジレンマがある。目先に配当金確保を優先すれば，「築古不動産」「建物の割合が大きい高容積率物件」で且つ大型物件の取得が最も効率が良いので，保有資産の質を犠牲にした取得を行う事になる。

オフィスビルでは一般に築15年を経過すると，修繕工事の頻度が多くなり，また，設備等の老朽化によるテナントからのクレームが増える傾向にある。この為，JREITの各銘柄は，建物の平均築年数を極力15年以下に保つような資産形成に心掛けているが，目先配当金確保の為の資産取得も行わざるを得ないのが実態である。

この事を前提として，各銘柄の保有不動産の平均築年数を見ると，それぞれの投資戦略が透けて見えてくる。

JREIT保有資産のセクター別の単純平均築年数（平成16年12月末現在）

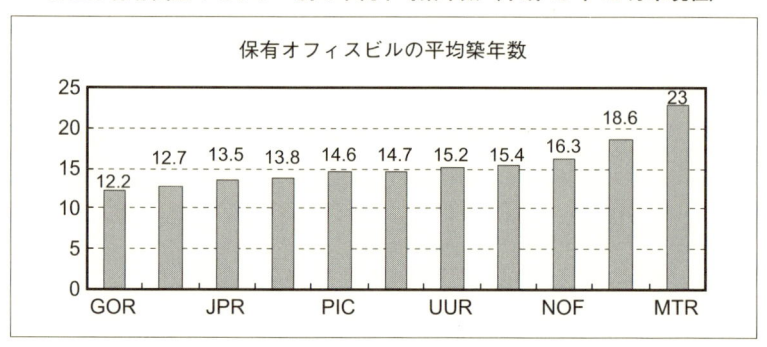

保有オフィスビルの平均築年数

銘柄	GOR	JPR	PIC	UUR	NOF	MTR
築年数	12.2	12.7 / 13.5	13.8 / 14.6	14.7 / 15.2	15.4 / 16.3	18.6 / 23

商業施設の建物築年数について

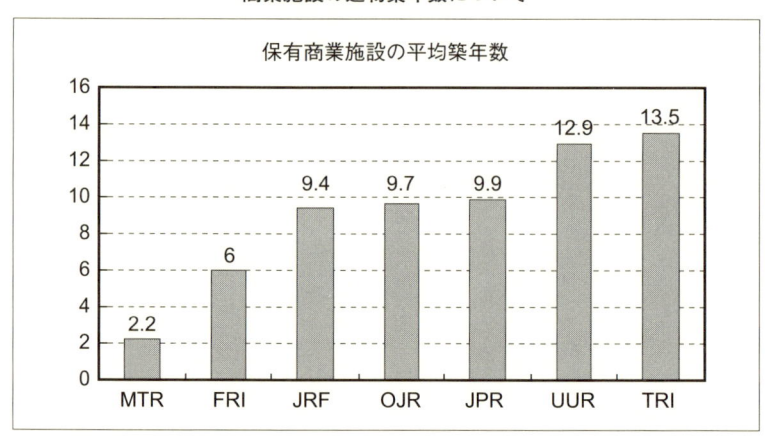

保有商業施設の平均築年数

銘柄	MTR	FRI	JRF	OJR	JPR	UUR	TRI
築年数	2.2	6	9.4	9.7	9.9	12.9	13.5

商業施設については，テナントの代替性が低い為にオフィスビルのように築年数による競争力をチェックする事は難しく，むしろ，テナントとの賃貸借契約による安定性を重視する。

　従って，建物築年数の比較よりは，テナント事業の安定性が重要なので，トラックレコードがある一定年数経過後の取得が多くなっている。

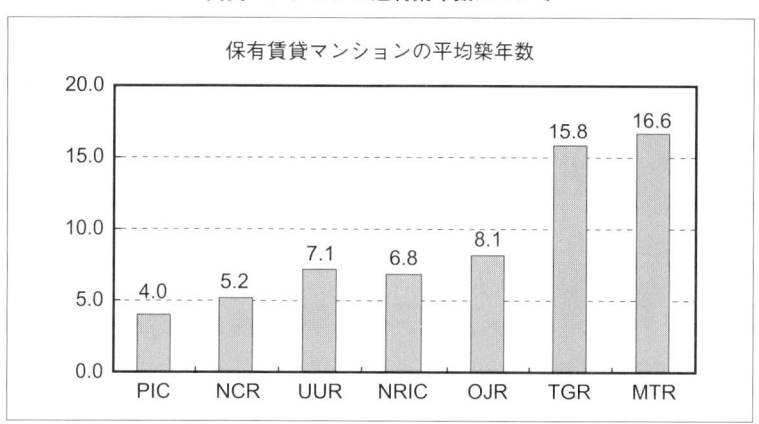

賃貸マンションの建物築年数について

保有賃貸マンションの平均築年数

銘柄	平均築年数
PIC	4.0
NCR	5.2
UUR	7.1
NRIC	6.8
OJR	8.1
TGR	15.8
MTR	16.6

　一般的に賃貸マンションでは，オフィスビルよりも築年数による競争力劣化が大きい為に，平均築年数を10年以下に保つ銘柄が多い。

　特に，ワンルームタイプの賃貸マンションでは築5年経過後から競争力が大きく低下するので，間取タイプ別での見方も必要となる。

iii．立地と個別競争力

　収益用不動産の長期安定性を見るには，物件の現地調査を踏まえた総合判断が必要となる。

　個別不動産の立地評価，建物評価，地区賃貸市場の動向と将来の見通し等を市場全体から見て吟味し判断する必要がある。

　この為，評価する側の主観と経験に左右される要素が多いので複数の評

価者の存在が望ましいが，評価作業に多大な労力と過去の豊富な不動産経験が必要とされる為に，従事する人材・機関が乏しいのが実状である。

iv. 建物の物理的状況

収益用不動産の長期の物理的状況との因果関係は，建物建築時の外壁材・内装仕上材，設備方式，意匠等を含めた設計・建築技術の多方面にわたる。

また，建築後の建物管理程度によっても大きく左右されるなど専門的な内容になるので，評価者がどの程度のレベルで調査を行うかによって結論が異なる場合がある。

現在，この評価に必要なデータは，前章の「不動産の比較情報」で述べたように一部のみが開示されている状況なので，今後，開示項目を増やす事で評価精度の向上が期待出来る。

・資産運用会社の能力

不動産投資では，投資対象となる不動産に完全無欠なものはなく，何かしらマイナス要素が含まれることと，不動産を取り巻く環境の変化に応じて建物のリニューアルやリノベーションも行う必要がある。

従って，不動産投資の要諦は資産運用にあると言っても過言ではないが，一方，如何に優れた資産運用を行っても不動産の持っているポテンシャル以上の成果は上げられないという壁がある。

即ち，不動産の資産運用ではプラス方向には一定の限度があるが，マイナス方向が大きくなる可能性が高いので，資産運用の姿勢はディフェンシブになるのが一般的である。

JREITでは制度上，投資法人による自家運用は認められず，外部の資産運用会社（投資信託委託業者）に資産運用を委託することが義務付けられている。

委託を受けた資産運用会社（現在は1投資法人に付き1資産運用会社とい

う専属制になっている）は，資産運用のプロとして報酬を得て，日々の資産運用業務を行っているので，JREITの評価に際しては，主として資産運用会社の実務能力を見ることになる。

（資産運用能力の評価項目）

　資産運用能力とは，資産運用を行う人員の実務能力であるため数値やインデックス等で評価する事が出来ない。また，資産運用会社の人員体制も10名～40名程度なので，組織力よりは個々の人材の質に左右される。

　従って，実際の評価では次の点に留意して資産運用能力をチェックする事になる。

ⅰ．資産運用会社の社長と投資運用責任者の実務能力

　少数精鋭で業務を行う為に，責任者の能力が大きなウエイトを占めているのと，一般事業会社のような稟議制ではなく，トップダウンで実務判断を行う為，責任者によって資産運用の方向が変わる。

　従って，資産運用会社の責任者には，JREITに関する幅広い知識と不動産運用実務能力が求められる事になる。

　現在は，どの銘柄の決算説明会でも資産運用会社の社長が説明と質疑応答を行うのが通例になっていて，年2回行われる決算説明会は能力チェックの有用な機会となっている。

　更に，実際の評価では，これらの責任者に直接ヒアリングを行う事で補完する必要もある。

ⅱ．取得不動産の選定によるチェック

　前述したように不動産に完全無欠はないので，価格，立地，建物の状態，テナント状況等の諸条件のバランスで取得判断を行う事になるので，個々の不動産の取得をチェックする事で，資産運用能力を推し量る事が出来る。

投資対象不動産の選定が合理的に行われているか否か，また，どのようなバックデータを基にして判断しているのかを見るのがポイントとなる。

iii．ロングレンジの資産運用の見通し

不動産の資産運用では，短期的な成果よりも長期的なパフォーマンスを重視する必要がある。特に，将来の問題は発生時点で対処するのではなく，予防的な処置の積み重ねによって対応するのが不動産運用の基本でもあるので，先を見越した資産運用が行われているか否かは重要なチェックポイントになる。

iv．資産運用戦略の整合性

不動産投資でも他の投資と同じようにリスクとリターンは裏腹の関係にある。

リターンを高く取ればリスクは増大するので，どの程度のリターンを追求し，リスクをどの程度テイクするかが資産運用の腕の見せ所である。

但し，目論見書等に記載してある投資戦略には抽象的な記述が多く，且つ，どの銘柄も似通った内容なので，評価の参考とはなり難い。

実際の評価に際しては，現実的なリスクをどの程度冷静に，且つ，客観的に把握しているか，対処方法のメニューが用意されているか等が判断根拠となる。

以上のように資産運用能力評価はアナログ的な判断となり，評価者によっても異なる結果になり易いが，資産運用業務自体には奇手も奇策もなく，オーソドックスな内容となるので，資産運用業務には共通の手法がある。

＜投資家からの要求利回りの低減＞

保有資産の質を向上し，資産運用能力の高さを証明することで，投資リスクを軽減し，配当率を低減させる（株価を上昇させる）。

期待配当利回りが低下することで，より質の高い不動産を取得することが

可能となり不動産投資が好循環に入る。

＜保有資産の建物平均築年数の低下＞

建物が物理的に劣化することで，修繕費用等の支出が多くなることと，市場での競争力が低下することで，収益性が悪化する。

従って，資産全体が老朽化していくことを防ぐ為に資産の追加取得に際しては保有資産の築年数を下げる方向で取得していく。

＜資産全体の収益利回りを意識しながら運用を行う＞

目標収益利回りを低くすれば，その分リスクが軽減され安定性も増すが，市場の期待値との兼ね合いもあるので，優良物件を低い収益利回りで取得した場合には，全体の利回り低下を補う物件も取得する。

＜資産の入替えを行う＞

JREITでは資産の長期保有を原則としているが，資産運用の効率を上げる為に一定規模以下の物件を売却する必要もある。

また，地区の賃貸市場の将来予測によっては保有資産の早期見切りもあり得る等，資産運用業務では保有資産の適正化を常に図る必要がある。

機動的に資産の組替を実施することは将来の問題を事前に解決する手法ともなるので資産運用では資産組替は必須の展開能力と言える。

> JREITの各資産運用会社を見ると，資産運用業務に対する理解度と習熟度に差があり，中には，何ら問題がないとする資産運用会社もあったり，将来の問題まで充分に見通さずに資産運用を行っている所もある。
> また，目先配当金を重視するあまり，結果として将来の資産劣化やポートフォリオの安定性を低くしてしまうケースもある。
> 外部から資産運用業務の実態を把握する事が難しいことで，資産運用能力のチェック機能が充分に働いていないので，特に，この項目については，評価に際して重要である。

資産運用会社一覧

資産運用会社名	投資法人	資本金	役職員数	資産運用規模	資産運用棟数
日本ビルファンド・マネジメント	NBF	4.95億円	17	3960億円	44物件
ジャパンリアルエステイトマネジメント	JRE	約2.6億円	18	2450億円	40物件
三菱商事・UBSリアルティ	JRF	5億円	30	2280億円	24物件
オリックス・アセット・マネジメント	OJR	1億円	24	1630億円	47物件
東京リアルティ・インベストメント・マネジメント	JPR	3.5億円	20	1840億円	44物件
プレミア・リート・アドバイザーズ	PIC	3億円	22	800億円	25物件
東急リアル・エステート・インベストメント・マネジメント	TRI	3億円	20	1330億円	16物件
グローバル・アライアンス・リアルティ	GOR	4億円	18	630億円	3物件
野村不動産投信	NOF	3億円	15	1850億円	19物件
ジャパン・リート・アドバイザーズ	UUR	4.25億円	15	1300億円	21物件
森トラスト・アセットマネジメント	MTR	4億円	13	1230億円	9物件
パシフィック・インベストメント・アドバイザーズ	NRIC	3.2億円	13	880億円	59物件
パワー・インベストメント	TGR	3.25億円	NA	140億円	20物件
フロンティア・リート・マネジメント	FRI	4.5億円	12	650億円	6物件
シービーアールイー・レジデンシャル・マネジメント	NCR	2.1億円	16	610億円	50物件
計	15銘柄			約2.16兆円	421物件

(本表の数字は平成16年12月末現在)

・**財務戦略**

銘柄評価に財務戦略を用いる場合，注意しなくてはならないのは財務戦略ありきでの評価ではなく，資産運用の方向とマッチした財務になっているかである。JREITを評価する際は，まず，B/Sの左側の「資産の部」に計上されている資産の質を見ることになる。

仮に，資産内容を見て入替えが必要となる資産を含んでいれば，短期または中期性の借入金が一定度の比率であることが望ましい。また，将来の増資分については短期借入金で繋いでおくのが常道なので，長期借入金比率の高さだけを単純に評価出来ない。

LTVも単にその比率の低さを良しとするのではなく，借入余力を使って新たな資産を取得する為の過渡的な状態として見なければならない。

このようにJREITの資産運用は機動的である事が必要とされるので，財務もそれをサポートするような方向で組み立てられるべきであり，表面上の形だけで判断することは出来ない点に注意を要する。

更に，投資法人にはテナントからの預り敷金・保証金，そして建物減価償却費が内部留保されているので，どの程度運用するか，または，運用出来るのかもチェックポイントになる。

　そして何より重要な点は，借入金の調達条件をどのように有利に運ぶかであるが，これには資産の部の質も関係するので，B/S全体やP/Lも見ながらの資金調達が求められる。そして，最終的には，投資家にとって最も望ましい財務構成を構築する事が目標となるという点に最大の注意を払う必要がある。

Ⅸ. JREIT投資のポイント

JREITは誕生して3年半と未だ日が浅く，専門のアドバイザーが少ない。扱う証券会社でも，有価証券としての説明やアドバイスは出来るものの，不動産投資としての説明が難しいのが実状である。

　機関投資家・金融機関等の大口投資家にとっても配当金の魅力でJREIT投資を行っているものの，銘柄の選別や保有資産の質については充分な吟味が出来ておらず，また，個人投資家もJREITの商品特性を充分に理解しないまま，株式投資に準じた投資姿勢で取引している傾向も目立つ。

JREIT の基本

不動産市場　←――――――――――――――――→　証券市場

[ビル] ←→ （不動産投資） ［投資法人］ ←→ （有価証券投資） ［投資家］

　上図のように，JREIT投資法人は不動産投資のみを行う組織体であり，不動産から生じた収益を投資家に配当する際に有価証券に変換する仕組みである。

　更に，投資法人は一般事業会社と異なり，不動産から生じる収益を100%配当（建物減価償却費は内部留保している）しているので，不動産投資のリスクとリターンは投資家にストレートに反映される。

　この為，投資家は配当金分配手法である有価証券の側面だけ見るのでは，JREIT投資のリスクとリターンが分からないのである。

　以上の事からもJREIT投資では，まず，不動産投資の側面から見て，次に，有価証券の面から考察する必要があるが，投資家に対して説明やアドバイスをする際に，詳細な説明は却って理解を遅らすことになるので，以下のように投資行為に絞っての説明が有効である。

1．JREIT 投資の原則

(1) ミドルリスク・ミドルリターンという商品特性を生かした投資を行う

　JREIT は，株式と債券の中間に位置付けられ，ミドルリスク・ミドルリターンの投資商品として作られているので，その特徴に沿った投資を行う。
　具体的には，株式のような頻繁な売買による売買益を求めず，長期保有する事で配当金を受領する投資姿勢を持つことである。

　元来，不動産価格は日々変化するものではなく，売買が行われたり，収益が変動した時にのみ価格が変動するのであり，有価証券投資としての頻繁な売買は投資価値との関係ではなく，不確定要素の大きい証券市場の需給バランスの思惑による取引となる。

(2) 配当金は年間で見る

　JREIT の配当金は年2回支払われるが，投資法人側は2期1年分の配当金を目安にして運用を行っているので，配当率をチェックする場合は，少なくとも直近1年分（前期の配当金実績と次期の予想配当金の合計額）で計算する。

　JREIT では，年間配当金を 30,000 円/口前後を目標に運用している銘柄が多いので，投資に際しては年間配当金額をベースにして期待利回りを算出する。

(3) 各銘柄の特徴を見分けて投資目的に合った銘柄を選ぶ

JREITでは投資対象の不動産用途を絞っている銘柄と，用途を絞らず収益が期待出来る不動産に投資する銘柄，複数用途に限定して投資する銘柄があるので，まず，これらの分類を知ることが必要である。

投資対象用途による銘柄分類

オフィスビル特化型銘柄	日本ビルファンド投資法人 (NBF)
	ジャパンリアルエステイト投資法人 (JRE)
	グローバル・ワン不動産投資法人 (GOR)
	野村不動産オフィスファンド投資法人 (NOF)
商業施設特化型銘柄	日本リテールファンド投資法人 (JRF)
	フロンティア不動産投資法人 (FRI)
住宅特化型銘柄	日本レジデンシャル投資法人 (NRI)
	ニューシティ・レジデンス投資法人 (NCR)
総合用途型銘柄	オリックス不動産投資法人 (OJR)
	ユナイテッド・アーバン投資法人 (UUR)
	森トラスト総合リート投資法人 (MTR)
オフィスビル・商業施設複合型銘柄	日本プライムリアルティ投資法人 (JPR)
	東急リアルエステート投資法人 (TRI)
オフィスビル・住宅複合型銘柄	プレミア投資法人 (PIC)
	東京グロースリート投資法人 (TGR)

投資法人が投資対象用途を重視するのは，不動産投資では用途によって，投資リスクと資産運用労力が異なるからである。

（不動産投資リスクの一般的序列）　商業施設 ＞ オフィスビル ＞ 住宅
（用途による資産運用労力）　　　　住宅 ＞オフィスビル＞ 商業施設

以上のことから，投資目的別に分類すると，
・配当利回りの高さを重視する→商業施設系銘柄の中から選別する。
・安定感を重視する→→→→→オフィスビル系銘柄の中から選別する。

- 長期の安定性を重視する→→→住宅系銘柄の中から選別する。

この選別に資産運用能力を加えると，
- 安定感重視でオフィスビル系銘柄を選別する際は，資産運用能力を見る。
- 長期安定性重視で住宅系銘柄を選別する際には，資産運用能力が高い銘柄を選ぶ。

更に，この見方に保有資産の質を加えて選別すると，
- 商業施設系銘柄では，保有資産のポートフォリオをチェックする。
- オフィスビル系銘柄では，保有資産の個々の質をチェックする。
- 住宅系銘柄では，保有資産のポートフォリオと個々の質をチェックする。

というのがJREIT投資に必要な投資態様であると言える。

2．JREITの投資手法

JREIT投資にはいくつかの手法があるが最も一般的なのはセクター分散投資と呼ばれる，投資対象不動産の用途を分散させる投資である。

これは投資対象となる不動産用途によって，収益を変動させる要因の影響度が異なるのを利用して，投資リスクを軽減する手法である。

用途による影響因子との相関度の違い

	一般景気動向	消費動向	企業の業績動向	金利動向	不動産価格動向	対象となる賃貸市場
オフィスビル	中	小	大	中	中	オフィスビルマーケット
商業施設	大	大	中	中	小	市場としてはない
住　宅	小	小	中	中	大	賃貸マンション市場

以上のように，一般経済動向との関連が最も大きいのは商業施設であり，その次がオフィスビル，そして住宅が最も小さくなると考えられるので，セクター分散投資をすることによって，投資リスクの変動性を小さくしたり，大きくしたりすることが出来る。

　また，セクターによって影響のスピードも異なるので，タイムラグを利用してポートフォリオを組み直すことも出来る。

　但し，不動産投資では株式のような即時性はなく，また，月次単位で影響がある訳ではないので頻繁な組替は必要としない。

＜セクター分散の例＞

景気上昇局面のセクター分散	商業施設セクター…………50%
	オフィスビルセクター……30%
	住宅………………………20%
景気中立局面のセクター分散	商業施設セクター…………25%
	オフィスビルセクター……50%
	住宅………………………25%
景気下降局面のセクター分散	商業施設セクター…………20%
	オフィスビルセクター……30%
	住宅………………………50%

　次に，JREIT が年2回の配当を行うことを利用し，毎月配当が得られるようなカレンダー投資という手法もある。

　シニア層では年金の補完手段として，投資を行う場合も多く，JREIT6銘柄を組み合わせて毎月配当が得られるようなポートフォリオを組むことも可能である。

銘柄別決算月一覧

NBF	JRE	JRF	OJR	JPR	PIC	TRI	GOR
6月／12月	3月／9月	2月／8月	2月／8月	6月／12月	4月／10月	1月／7月	3月／9月

NOF	UUR	MTR	NRIC	TGR	FRI	NCR	
4月／10月	5月／11月	3月／9月	5月／11月	6月／12月	6月／12月	2月／8月	

　仮に、上記の15銘柄から、NBF・JRE・JRF・PIC・TRI・UURの6銘柄を組み合わせると毎月配当が得られるので、この6銘柄の直近での年間実績配当金を計算すると、<u>167,260円／年</u>となる。6銘柄に投資する資金を500万円とすると、年間配当利回りは3.35％となる。

　なお、カレンダー投資は、必ずしも、投資リスク軽減に利く手法ではないが、500万円程度の資金を用意出来れば、長期にわたって14,000円／月の配当金が得られるという点が大きなメリットである。

　JREIT投資では、以上の2つの投資手法が使われることが多く、法人等の大口投資家はセクター分散投資、個人はカレンダー投資という傾向がある。

　また、JREIT投資でも、一部の個人投資家等がキャピタルゲイン（売買益）狙いの投資も行っている。

＜株価の変動を利用したキャピタルゲイン投資手法＞
　JREIT市場での取引値が、配当金受領権利最終日を挟んで上下するのを利用して、権利落ちした銘柄を買い、権利付きの銘柄を売る手法。
　JREITでは毎月権利落ち日があるので、この売買を繰り返しながら売買益を追求するが、最近では、権利落ち日を挟んだ株価の変動幅が小さくなっており、必ずしも、有利な手法とは言えない。

＜キャピタル・インカムの両方を狙うアクティブ投資手法＞
　法人大口投資家が駆使する手法であるが、ある程度のJREIT銘柄の比較

吟味能力が必要となる。手法としては比較的単純で、新規上場銘柄の公募株を狙って、上場前の公募に申し込みをし、更に、上場直後にも買い増しを行っておき、上場後に株価が上昇としていく局面で一部を売却して売買益を得る手法である。

これには、新規上場銘柄を既存銘柄と比較して上で優劣を判断出来なくてはならないのと、どの程度の株価が天井なのかを予測出来なければならないが、今の所、東証JREITだけを対象にした場合には成功している手法だと言える。

3．JREITの投資手段

JREIT投資手段には次の3つがある。
① 証券会社を通じて取引市場（東証または大証の不動産投資信託市場）で出資口を購入する。
② JREITを対象にしたファンド・オブ・ファンズ（投資信託）を購入する。
③ 市場外で相対取引を行う。

①取引市場からの購入

この投資手段が最も一般的であるが、証券会社の店頭に出向く必要のない、インターネット上の取引も多くなっている。

キャピタルゲインを狙った取引を行う投資家は売買手数料の安いネット・トレーディングを利用するケースが多いが、こちらは銘柄情報の入手は投資家自らで行わなくてはならないというデメットがある。

長期保有を前提とした投資では、頻繁な売買を行わないので、証券会社店頭での購入でも手数料は大きな負担とはならない上に、銘柄情報や簡単な比較情報も入手出来るというメリットがあるので、投資姿勢によって使い分け

るのが賢明である。

但し、JREIT銘柄の詳細な比較情報は証券会社でも整備されてはいなので、複数銘柄に投資する場合には、Web上に開設されている各銘柄のHPやJREIT専門サイトを利用して自らで情報を収集する必要がある。

JREIT銘柄のHP一覧

	略称	証券コード	HPのURL
オフィスビル専門銘柄			
日本ビルファンド投資法人	NBF	8951	http://www.nbf-m.com/nbf/
ジャパンリアルエステイト投資法人	JRE	8952	http://www.j-re.co.jp/
グローバル・ワン不動産投資法人	GOR	8958	http://www.go-reit.co.jp/
野村不動産オフィスファンド投資法人	NOF	8959	http://www.nre-of.co.jp/
商業施設専門銘柄			
日本リテールファンド投資法人	JRF	8953	http://www.jrf-reit.com/
フロンティア不動産投資法人	FRI	8964	http://www.frontier-reit.co.jp/
レジデンシャル専門銘柄			
日本レジデンシャル投資法人	NRIC	8962	http://www.nric.co.jp/
ニューシティ・レジデンス投資法人	NCR	8965	http://www.ncrinv.co.jp/
総合銘柄			
オリックス不動産投資法人	OJR	8954	http://orixJREIT.com/
ユナイテッド・アーバン投資法人	UUR	8960	http://www.united-reit.co.jp/index2.html
森トラスト総合リート投資法人	MTR	8961	http://www.mt-reit.jp/
複合銘柄			
日本プライムリアルティ投資法人	JPR	8955	http://www.jpr-reit.co.jp/
プレミア投資法人	PIC	8956	http://www.pic-reit.co.jp/
東急リアルエステート投資法人	TRI	8957	http://www.tokyu-reit.co.jp/
東京グロースリート投資法人	TGR	8963	http://www.tgr-inv.co.jp/

（JREIT専門サイト）
「不動産証券化商品検索サイト」（http://www.spc-reit.com/）

JREITの信用取引
JREIT取引全体の5％程度ではあるもののJREITでも信用取引は行われている。
株式に比べれば値動きも穏かなJREITでは、敢えて、利用する手段ではないが、インカムゲイン狙いの投資家の多いJREITでは市場の玉不足も目立ち、証券会社等が貸株利用により売買高を確保する手段に使われているという見方も出来る。
また、一部の個人投資家も信用取引を利用していて、現物取引では個人は売り越しになっているが、信用取引では買い越しになっている。

②ファンド・オブ・ファンズの購入

2003年末にJREITを対象にしたファンド・オブ・ファンズが解禁されたことで，証券会社がJREITのファンド・オブ・ファンズの設定を活発化している。

その後順調に残高を伸ばしていて，2004年9月末現在の純資産残高は約5500億円に達している（朝日新聞の調査データによる）。

JREITのファンド・オブ・ファンズは個人投資家層への有力投資商品として金融機関の窓口で積極的な販売を行っている事も急成長の要因である。

ファンド・オブ・ファンズの運用方法は，インデックス型（東証JREIT指数連動）とアクティブ型に分かれており，登場当初はインデックス型が多かったものの，最近ではアクティブ型の運用が目立つようになっている。

＜インデックス型ファンド・オブ・ファンズ＞

東証が発表しているJREIT指数に近くなるように，JREIT銘柄を購入する手法であるが，現在は，東証REIT指数以上のパフォーマンスを出しているファンド・オブ・ファンズも多い。

現在のJREIT株価は基調としては右肩上がりなので，インデックス型でも好パフォーマンスを得られているが，将来，JREIT株価の調整局面が訪れると基準価格が下落する可能性もある。

＜アクティブ型ファンド・オブ・ファンズ＞

JREIT株価が高値圏に入っているのと見通しによって，アクティブ運用を行うファンド・オブ・ファンズが増えているが，安定感を重視すると，株価の上位銘柄が中心となるのでインデックス型との差異が小さくなってしまう。

時価総額があまり大きくない銘柄で，且つ，成長銘柄を狙うのが一つの手法であるが，全体の銘柄数が多くはないので，特定の銘柄に買いが集中して

株価が上昇してしまうということもある。

　投資家にとって，ファンド・オブ・ファンズは銘柄選別の手間が掛からないのがメリットであるが，運用を行う投信会社でも各銘柄の吟味が充分出来ていないのが実状なので，複数銘柄を購入出来るだけの資金を用意しているのであれば，直接，市場から購入するとの運用成果に大きな差がないとも言える。

③市場外取引

　纏まった口数の取引では，市場外で取引されるケースも見られる。

　大口投資家の地銀や投資法人設立のオリジネーターの保有出資口が，証券会社の仲介で場外取引されるケースが多いが，前述のファンド・オブ・ファンズ等にとっては，玉不足を補う手段として有力な取引方法でもある。

X．JREITの市場戦略

1. 投資家戦略

　第Ⅱ章の3の「JREITの投資主構成」で述べたように，JREITの投資主は，金融機関が第1位，次いで個人投資家となっており，この2者で7割程度の投資比率になっているが，東証が発表する投資家別売買動状況を見ると，個人が売り越して，金融機関が買い越すとい状況が続いており，徐々に金融機関の投資比率が高まっている。

JREITの売買動向（東証発表の「投資部門別不動産投資信託証券売買状況」の抜粋）

　東証が発表した2004年9月・10月・11月のJREITの売買動向を投資家別に見ると次のようになっている。

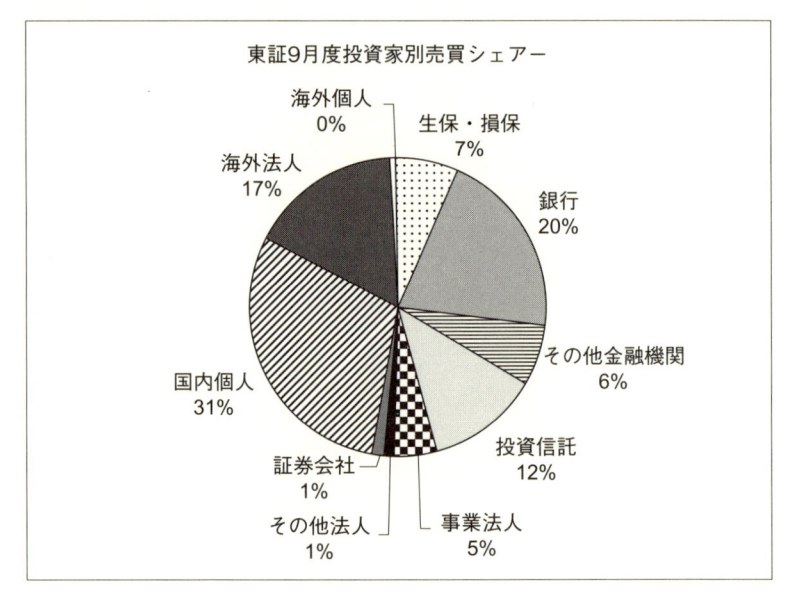

東証9月度投資家別売買シェアー

- 海外個人 0%
- 生保・損保 7%
- 海外法人 17%
- 銀行 20%
- その他金融機関 6%
- 国内個人 31%
- 投資信託 12%
- 証券会社 1%
- 事業法人 5%
- その他法人 1%

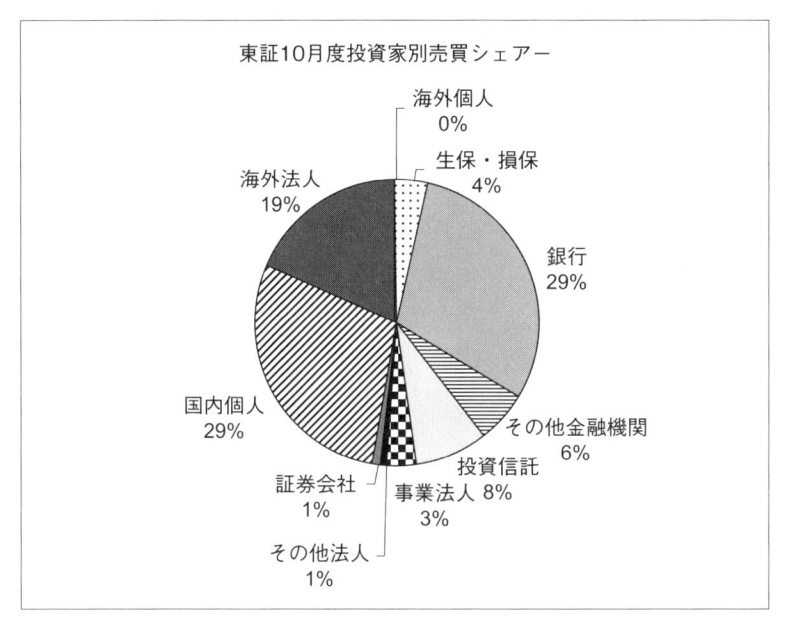

X．JREITの市場戦略　195

東証10月度投資家別売買シェアー

- 海外個人 0%
- 生保・損保 4%
- 銀行 29%
- その他金融機関 6%
- 投資信託 8%
- 事業法人 3%
- その他法人 1%
- 証券会社 1%
- 国内個人 29%
- 海外法人 19%

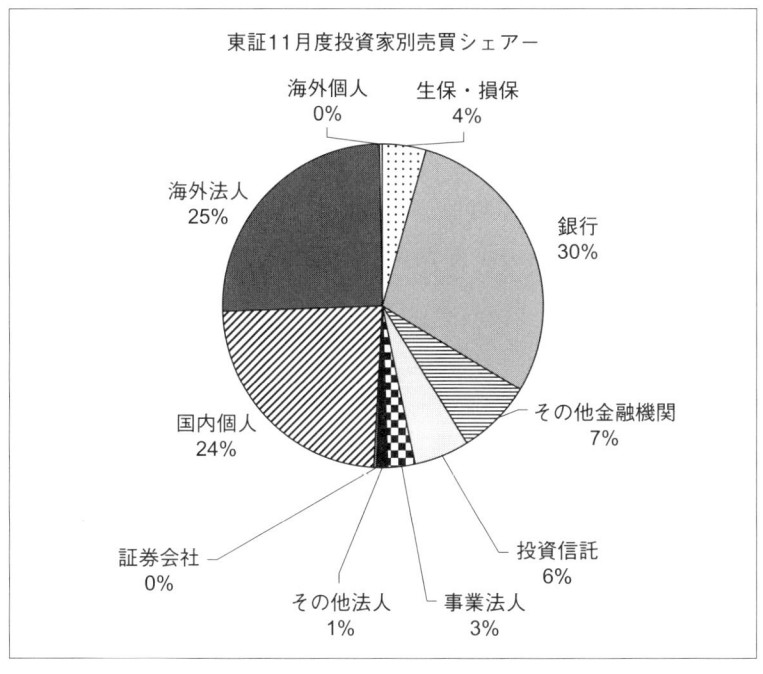

東証11月度投資家別売買シェアー

- 海外個人 0%
- 生保・損保 4%
- 銀行 30%
- その他金融機関 7%
- 投資信託 6%
- 事業法人 3%
- その他法人 1%
- 証券会社 0%
- 国内個人 24%
- 海外法人 25%

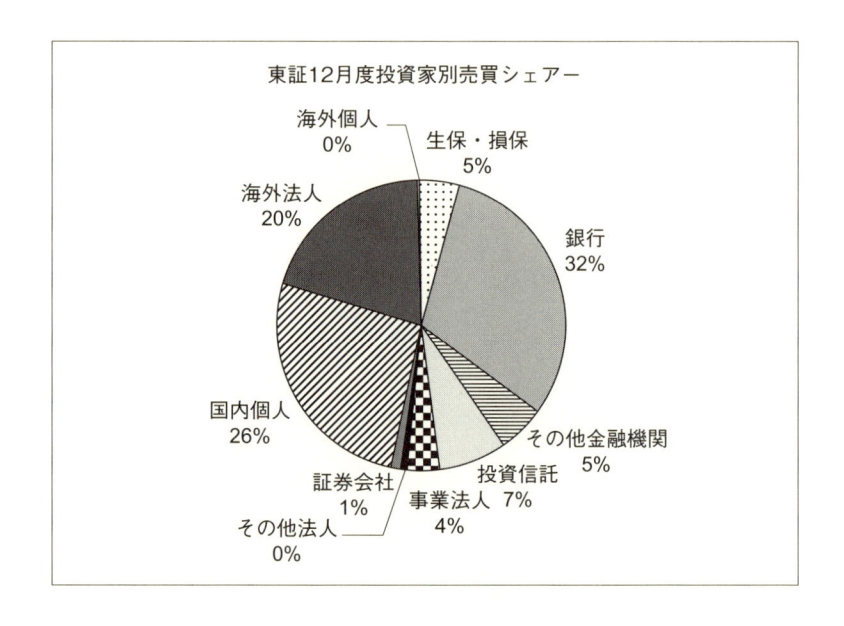

東証12月度投資家別売買シェアー

- 海外個人 0%
- 生保・損保 5%
- 海外法人 20%
- 銀行 32%
- 国内個人 26%
- その他金融機関 5%
- 証券会社 1%
- 投資信託 7%
- その他法人 0%
- 事業法人 4%

　東証のデータを見ると，市場での売買は銀行，個人，海外法人によって大半が占められていて，株式の取引と似た傾向にある。投資信託も月によっては，10％以上のシェアーを持つ事もあり，今後は，徐々に売買シェアーを伸ばしていくと予想される。

　国内金融機関も年々JREIT投資に参加する数が増えており，この傾向は今後も続きそうであり，JREIT側も投資主としての金融機関数の拡大に努めている。

　これらの投資主構成を見ながら，投資法人の資産運用会社と主幹事証券会社は次のような投資家戦略を展開している。

① JREIT投資に熱心な地銀等へ定期的に説明を実施

　増資時だけでなく，定期的にこれらの大口投資家を訪問し状況説明を行っており，長期保有と次回増資時での引受を依頼している。

② 年金資金の投資の拡大を働きかける

　年金資金の投資を行う信託銀行への説明と勧誘を行っている。

③個人投資家の比率を維持する方策を実施

具体的には，増資時の割当の際に，個人投資家への分配比率（約60％）を多くする等の措置を講じている。

＜投資家戦略の現状と課題＞

大口投資家に対する説明は，証券会社を含めて日頃の活動は一定度出来ているものの，個人投資家層の拡大については特に対策がない。

現状では，主幹事証券会社が主催する個人投資家説明会への出席を行う程度の対策しかなく，効果が発揮されていないと言える。

また，大口投資家の地銀等も決算期毎に保有出資口が変動しており，必ずしも，安定投資主とも言えない状況にあり，最近の市場を見ると，年金資金の一部流入とJREITのファンド・オブ・ファンズの拡大によって支えられている傾向がある。

JREIT本来の役割である個人金融資産の受け皿としての積極的活動は見られないが，個人金融資産へのアプローチは証券会社でも難しく，資産運用会社としては問題意識を共有しながらも具体的な対策が取れない状況が続いている。

また，JREITサイドでも各銘柄が一致して動けるような状況でも，また，団体として活動出来る環境もないのがネックとなっていて，個人投資家対策は頓挫している感があるが，JREIT市場の好調により先送りされているのが実状である。

JREITの上位投資主になっている国内金融機関

	日本ビルファンド投資法人		ジャパンリアルエステイト投資法人		日本リテールファンド投資法人		オリックス不動産投資法人		日本プライムリアルティ投資法人		プレミア投資法人	
発行済投資口数	280,700	13.55%	260,400	12.57%	219,502	10.60%	175,372	8.47%	430,000	20.76%	79,400	3.83%
	保有口数	持株比率	保有口数	持株比率	保有口数	持株比率	保有口数	持株比率	保有口数	持株比率	保有口数	持株比率
常陽銀行	7,002	2.49%			5,948	2.71%	3,633	2.07%			1,890	2.38%
池田銀行	6,946	2.47%	5,566	2.14%	6,443	2.94%						
中国銀行	8,385	2.99%	8,905	3.42%	8,111	3.70%						
山梨中央銀行			7,300	2.80%	3,093	1.41%					2,294	2.89%
広島銀行					3,543	1.61%			10,018	2.33%	1,918	2.42%
親和銀行					3,800	1.73%						
八十二銀行												
北洋銀行			7,067	2.71%	5,773	2.63%			9,399	2.19%	2,966	3.74%
愛知銀行												
中京銀行							2,960	1.69%				
北都銀行											1,481	1.87%
伊予銀行												
駿河銀行												
関西アーバン銀行					3,215	1.46%						
北越銀行												
近畿大阪銀行											1,230	1.55%
仙台銀行											700	0.88%
沖縄銀行											647	0.81%
水戸信用金庫												
豊川信用金庫											790	0.99%
日本トラスティ・サービス信託銀行（信託口）	11,867	4.23%	11,531	4.43%	10,206	4.65%	4,330	2.47%	39,350	9.15%	4,886	6.15%
資産管理サービス信託銀行	6,842	2.44%	6,996	2.69%	6,302	2.87%	3,121	1.78%	11,230	2.61%	2,683	3.38%
あおぞら銀行	6,177	2.20%										
日本マスタートラスト信託銀行（信託口）			7,085	2.72%	3,599	1.64%					1,464	1.84%
富士火災海上保険					2,579	1.17%						
AIGスター生命保険					5,857	2.67%	2,530	1.44%	11,940	2.78%		
りそな銀行							3,000	1.71%				

X. JREITの市場戦略

東急リアル・エステート投資法人		グローバル・ワン投資法人		野村不動産オフィスファンド投資法人		ユナイテッド・アーバン投資法人		森トラスト総合リート投資法人		日本レジデンシャル投資法人		合計	
98,000	4.73%	48400	2.34%	184,650	8.92%	83,738	4.04%	160,000	7.73%	50,882	2.46%	2,071,044	100.00%
保有口数	持株比率	保有口数	持株比率	保有口数	持株比率	保有口数	持株比率	保有口数	持株比率	保有口数	持株比率	保有口数	持株比率
						2,079	2.48%					20,552	0.99%
				8,707	4.72%	4,051	4.84%	3,911	2.44%			35,624	1.72%
		1,125	2.32%	4,919	2.66%							31,445	1.52%
												12,687	0.61%
2,064	2.11%											17,543	0.85%
3,094	3.16%	1,600	3.31%							1,318	2.59%	9,812	0.47%
960	0.98%											960	0.05%
2,300	2.35%			4,526	2.45%	1,542	1.84%	3,216	2.01%			36,789	1.78%
		2,323	4.80%									2,323	0.11%
												2,960	0.14%
		900	1.86%									2,381	0.11%
1,000	1.02%											1,000	0.05%
931	0.95%											931	0.04%
								2,380	1.49%			5,595	0.27%
		900	1.86%									900	0.04%
												1,230	0.06%
												700	0.03%
												647	0.03%
										1,048	2.06%	1,048	0.05%
												790	0.04%
4,230	4.32%	2,269	4.69%	8,186	4.43%	2,378	2.84%	6,762	4.23%	2,667	5.24%	108,662	5.25%
3,008	3.07%	1,468	3.03%	5,629	3.05%	2,712	3.24%	4,355	2.72%	1,248	2.45%	55,594	2.68%
										1,790	3.52%	7,967	0.38%
927	0.95%	1,080	2.23%	4,459	2.41%			3,026	1.89%			21,640	1.04%
		1,097	2.27%	3,796	2.06%	2,523	3.01%	3,086	1.93%			13,081	0.63%
4,983	5.08%											25,310	1.22%
												3,000	0.14%

（※本表の数値は平成16年12月末現在）

2．情報戦略

JREITの主たる情報発信は次の手段によっている。

①Web上のHPでの情報提供

日常のイベント情報から有価証券報告書・決算短信・資産運用報告書がHPに掲載されていて自由に閲覧，ダウンロードが出来るようになっている。

なお，各銘柄のHPを見ると，情報の記載方法や分類が統一されている感があるが，これはHP制作会社が1社独占（㈱イーオーエル）になっていることにも関係している。

平成16年12月末現在の上場銘柄は15銘柄になっているので，全銘柄の情報収集には手間が掛かるが，以下のサードパーティのWebサイトで情報更新通知サービスがある。

「不動産証券化商品検索サイト」（http://www.spc-reit.com/）（登録無料）

②決算説明会の開催

年2回の決算期に投資家説明会とアナリストミーティングが開催されているが，出席者は多くはないのが実状である（説明会配布資料もHPに掲載される）。

説明会では質疑応答もあるので，記載されている情報以外の入手も出来る。

また，アナリストミーティングの質疑応答を音声情報でHPに掲載している銘柄もある。

③セミナー等での説明

JREITに関するセミナーは東証,業界団体,セミナー会社で開催されているが,JREIT側が出席するセミナーは不定期で数は多くはない。

・**JREITセミナー情報が告知されるWebサイト）**

「東京証券取引所HP」（http://www.tse.or.jp/index.shtml）
「不動産証券化商品検索サイト」（http://www.spc-reit.com/）
「総合ユニコム」（http://www.sogo-unicom.co.jp/）
「金融財務研究会」（http://www.kinyu.co.jp/）

④アナリスト等による分析情報等の発信

銘柄比較情報や銘柄分析情報は証券アナリストのレポートが無料で配布されているが,机上での分析が主で,不動産投資としての分析が弱いことと,株式レポートに準じた体裁になっている所に改良の余地がある。

また,一般個人投資家向けの平易な解説ではないのも難点である。

＜情報戦略の課題＞

ⅰ．情報発信が大口投資家や機関投資家等のプロ向けに偏っている

現在発信されているJREIT情報は一定レベル以上の投資家を対象としていて,個人投資家向けの入門的な情報発信は少ない。

これは,JREITの歴史が浅く,インデックス等の整備やトラックレコードの蓄積が未成熟ということもあるが,JREITの分析には不動産,金融,証券,会計,一般経済等にわたる幅広い知識が必要とされ,且つ,高度な分析能力も求められる為,対応出来る人材が少ないこともあり,ビジネスとして成立するプロ向けの情報発信に偏る傾向がある。

ⅱ．翻訳能力の問題

JREIT側では不動産投資に関する情報発信に対して,投資家側が情報の

持つ意味を理解出来るように噛み砕いて説明するような翻訳機能を必要としている。

　仮に，デメリット情報等も発信するようになれば，更に，必要性が高まるが，発信する情報の説明を自らが行うのも難しいので，第三者による補足説明ないし翻訳機能を欲している。

　この事は，今後の情報発信の質にも影響があり，補足説明機能が備えられるのであれば情報開示は更に進むが，逆に，一方的な情報発信で投資家に誤解に与えるようになれば情報開示は進まない可能性が高い。

iii．比較情報の問題

　各銘柄は自らに関する情報のみ発信するが，その情報の価値を計るには，他銘柄との比較が必要になる場合がある。

　例えば，保有資産のポートフォリオの状況等は単独では意味が伝わらない。

　保有資産の建物築年数等は他銘柄との比較においてのみ，説明が出来る情報であるが，このような比較データは一部の有料媒体のみで発表されているに過ぎない。

　銘柄間の差異や特徴を述べるには，比較データが必要ではあるが，投資法人側で提供する状態にはなっていないのが実状である。

　以上のように，JREITの情報戦略は投資法人のみでは限界があり，第三者的立場での情報分析や加工による2次的な情報発信が不可欠ではあるが，ビジネスとしての成立が難しく活発な動きにはなっていない。

3．情報開示

　JREITの情報開示は有価証券関係の規則や企業会計の原則，そして，投

資信託協会の自主規制等によって規定されてはいるが，不動産に関する開示項目の規定は少なく，銘柄側の判断に委ねられている面がある。

現在，HP上で決算情報以外に適宜開示されている情報は，
・不動産の取得と売却に関する情報
・資金の借入と返済に関する情報
・資産運用会社の役員の変更
・格付け取得に関する情報
・投資法人債発行に関する情報

等があるが，この中でも取得不動産に関する情報の開示項目に銘柄間の違いがある。

① PML（Probable Maximum Loss ＝地震時予想最大損失額）値

大地震の際に，建物が被害を受ける値を％で表示する評価手法であるが，この項目は，保有資産全体の平均値のみを開示している銘柄と個々の保有資産毎の値を開示している銘柄に分かれている。

近年，東海地震等の大地震の発生確率が高まっているので，どの地域にどの程度のPML値を持った建物を保有しているかは投資家にとって重要な情報である。情報開示の原則では開示しない部分はリスクとして認識されるが，一般投資家にとってこのような専門データの意味や重要性が理解出来ないこともあって銘柄間での統一がなされていない。

②取得不動産の予想収益

投資法人が取得する不動産の予想収益は，銘柄によって開示内容が異なる。取得時の予想収益（取得価格に対する収益利回り）を開示しない銘柄と個々の取得不動産の予想収益を開示する銘柄とに分かれている。

中には，明らかに他銘柄の保有不動産との比較を回避しているような銘柄もあり，取得価格の妥当性そのものを検証出来ないケースもある。

取得時の価格合理性は投資家にとって重要情報にも拘わらず統一されてい

ない。

③鑑定価格と取得価格

資産取得競争の激化によって，鑑定価格以上の価格で取得する不動産が散見されるが，この事に対する説明はなされていない。

不動産鑑定価格自体に客観的合理性はないものの，参考価格である鑑定価格を上回って取得する理由と投資家リスクについての説明は必要である。

また，鑑定評価書そのものも開示されていない（一部の抜粋のみ開示）事もあって，取得価格に対する投資判断が検証しにくくなっている。

＜情報開示の現状と課題＞

JREITの情報開示は一般事業会社の情報開示に比べれば進んではいるが，それは仕組みの違いから当然でもある。

一方，銘柄が発信する情報量が多くなっている事で投資家側の咀嚼能力が問題にもなっており情報開示基準の整理を難しくしている。

また，JREITの所轄行政庁が金融庁であり，不動産を管轄する国土交通省との調整不足で不動産に関する情報開示の整備が進まないという面もある。

JREITは，東証の規制によって投資信託協会への加入が義務付けられている為，投資信託協会の自主規制（協会内の不動産部会が担当する）が最も大きな影響力を持っているが，自主規制の内容は有価証券関係に偏っている。

更に，本来期待されている市場監視機能も前述の第三者機関の脆弱さによって充分なガバナンスが働いていない。

これらはJREITが新しい商品だということに起因している側面もあるが，中立的な第三者委員会等により情報開示規定を整備する段階に来ているとも言える。

資産取得の判断基準について

投資法人側から発表される情報のみで投資家が適正度を判断するのは難しいが、本書に掲載した用途別・地区別のNOI利回り等の補完データを参照しながらの一義的判断は可能である。

一方、資産運用会社もこのNOI利回りデータは入手しており、取得の際に参考としているようなので、以下に用途別の簡易判断基準を記す。

＜オフィスビルの場合＞

この用途の不動産は以下のように類似物件とのデータ比較を行うことでおおよその判断が出来る。

① 取得時に発表された予想収益によるNOI利回りと同一地区でのJREIT既保有物件のNOI利回りを比較する。
② 次に、物件の延床面積を比較し、大規模・中規模・小規模に分類してそれぞれのNOI利回りを比較する。
③ 建物の築年数を比較しながらNOI利回り率の差を見る。
④ 設備・仕様等の情報から建物のグレードを推測し、NOI利回り率を比較する。

なお、一部の銘柄（JRE）では予想収益を発表していないが、この場合は、投資家は割高な取得だと推測するのが情報開示の原則である。

＜商業施設の場合＞

商業施設の場合は不動産投資としての側面よりは、商業施設としての競争力、テナントとの賃貸借契約内容の吟味が優先される。

① 都心型商業店舗ビル

この用途の物件は机上のデータ比較では判断出来ない。

NOI利回りについて、前述のオフィスビルのような比較をするものの多少の格差は判断基準にはなり得ない。

最終的には個別物件の商業立地評価とテナントの内容、建物の造り等を見

ての総合判断となる。

②ショッピングセンター
- 主たるテナントの競争力を見る。
- 主たるテナントとの賃貸借契約内容を見て，定期借家契約か否かによってリスクを計る。仮に，普通賃貸借契約であれば高リスク投資と判断する。
- 最後に，NOI利回りを比較してどの程度の価格水準で取得したのかを見て上記①と②を含めての総合判断を行う。

＜賃貸マンションの場合＞
　オフィスビルの場合と同様の手法も使えるが，間取タイプと地区別の賃貸市場の状況を加味した見方も必要となり，机上での判断では難しい用途である。

①ワンルームタイプ（専有面積30㎡以下）・コンパクトタイプ（30～50㎡），50～80㎡），ラージタイプ（80㎡～）と4つのカテゴリーに分けて，一般的リスクを計る。
（リスク序列）
ファミリィータイプ≧コンパクトタイプ＞
　　　　　　　　　　　　　　　　　ワンルームタイプ≧ラージタイプ
②同一タイプのJREIT既保有物件とのNOI利回りを比較する。
③建物の築年数を比較しNOI利回り率の格差を見る。
④地区の賃貸マンションと分譲マンションの供給動向を調べ，その地区における取得物件の競争力を計る。

＜その他の用途＞
　JREITではホテルも保有しているが，これらの特殊用途物件は不動産投資としては一般的ではないため，不動産投資側面より商業施設のような商圏とテナントとの賃貸借契約を重視した見方が必要となる。

以上のように，オフィスビル以外の資産取得に対する投資判断が難しくなる為に，市場は不確実性を加味して，オフィスビル投資に比較的高い評価を与える傾向がある。

　商業施設では，テナントと長期定期借家契約を締結している物件が多いこともあって，オフィスビルに次ぐ評価を獲得しているが，賃貸マンションは総合判断が必要となることもあって，最も低い評価となっている。

　従って，JREIT 市場戦略として重要な点は，投資判断を行いやすくする手法の開発と情報整備にあると言えるが，不動産投資の有効なインデックスが見当たらないので，情報整備と説明能力が今後の課題だと言える。

XI. JREITプレイヤーの現状と課題

1．JREITプレイヤーの現状

　JREIT15銘柄（平成16年12月末現在）の資産運用会社の人員は約270名，更に，PM業者等も含めるとおおよそ500名程度のJREITプレイヤーが活動していると考えられる。

　資産規模2兆円を超える業界でメインプレイヤーが500名程度というのは，業務量から比べると決して多くはないが，報酬で見ると，この程度の人員が限度と考えられる。

　資産運用報酬とPMフィーの率は投資法人によって異なるが，ビジネスとして成立していると考えられる日本ビルファンド投資法人の例で見てみると次のようになる。

資産運用棟数	43棟
資産運用総額 (a)	336,180百万円
営業収益	12,544百万円
資産運用報酬 (b)	443百万円
PMフィー (c) ※	568百万円
(b＋c)÷a	0.3%

（平成16年6月期のNBFの決算数字からの抜粋）
※資産運用総額は取得価格の合計数字。
※NBFではPMフィーをオフィスマネジメントフィーと呼称している。

（平成16年12月末現在のJREIT15銘柄の資産総額）
　約2.15兆円（422棟）……A

　これらのデータから，AM・PM業務に従事する一人当たりの年間報酬を算出すると，

2.15兆円÷0.5%（年間報酬率）÷500名（AM・PM業務の人員）
＝21.5百万円／年／人となる。
（年間報酬率は全銘柄平均で0.5％として計算）

　この1人当りの報酬額をマンパワーコストとしてみると，必ずしも生産性は高くない。
　一方，資産運用会社では人員を確保する為に，不動産業界や私募ファンドから人材を調達しているが，マネジャークラスへ提示年俸は600～1300万円程度になっている。
　この年俸では，大手不動産会社の優秀な人材を引き抜くことが難しい為，ゼネコンや中堅デベロッパー，そして既存の私募ファンドからの人材調達がメインになっている。

(1) AMマネジャーの現状

　資産運用会社の人員の業務区分を大別すると，
・一般間接業務（総務・企画・広報等）
・資産取得業務
・資産管理業務
に分かれており，日常の資産管理業務は4～5名で行われており，一人当たりの担当物件数は3～5棟が多い（レジデンシャル系では1人当たりの担当物件は10棟前後になっている）。
　不動産管理業務としてみれば，担当物件数は現状が限度であり，これ以上の負荷は運用業務の精度を落とす事に繋がる。

(2) PMマネジャーの現状

　PMマネジャーの現状は，AMマネジャーと比べて更に厳しくなってい

て，採算ラインはPMマネジャー1人当り200〜300億円の資産規模が必要となる。

一方，100億円規模の不動産のPMでは現場常駐（オン・サイト）を要求される場合も多いので，フリーのPMマネジャーは10棟以上の物件を担当するケースが多くなっている。

PMマネジャーの担当物件数が多いのは，PM業務の精度向上にはマイナスであり，この点がPM業務のレベル向上の障害になっている。

(3) 資産運用会社の人的調達と対応

・必要な人員の多くをオリジネーターからの出向者に頼る。
　不動産管理業務経験者の外部調達が間に合わないので，オリジネーターからの出向者で当面の体制を構築する（人件費は事務協力費としてオリジネーターに一定金額を支払う）。
・派遣社員を活用する。
　一般事務だけでなく，資産運用補助業務にも派遣社員を活用している。
・PM業務の内制化を図る。
　PM業務の質の確保とAM業務との一体化を図るために，資産運用会社内部にPM要員を抱えている所もある（OJR，NCR等）。
・PM業者にオリジネーターを活用する。
　主力物件や保有物件の大半をオリジネーターまたはその関連会社に発注し，必要な体制を敷いてもらう。

①資産運用会社の人員体制の構築手法

JREITの資産運用会社は認可基準によって収益の黒字化が求められている為に資産運用会社の設立をみるといくつかのパターンに分かれている。

＜パターン1＞

資産運用会社設立時には社長及び資産運用責任者等幹部職員と一般職員の大半をオリジネーターからの出向者で賄い，資産運用開始後に収益動向を見ながらプロパー社員を採用する方式（NBF，GOR等）。

＜パターン2＞

資産運用会社設立時からヘッドハンティング等でプロパー社員を中心にして体制を構築する方式（NRIC，NCR等）。

＜パターン3＞

パターン1と2の併用で，設立時点からプロパー社員と出向者の混合体制で発足し，運用開始後に収益動向を見ながら，プロパー社員の採用を増やす方式（JRF，UUR等）。

（資産運用会社人員の出身企業）

　幹部クラス……………大手不動産企業，大手総合商社，大手金融機関（生保・証券を含む），大手製造業，大手電鉄系等が主流。

　中堅・若手クラス……中堅不動産企業，ゼネコン，証券会社，私募ファンド，PM会社等

②資産運用会社の人材育成

資産運用会社の人材育成はOJT（On the Job Training＝職場教育）を基本とし，補完的育成手段としてARES（不動産証券化協会）が行っている不動産証券化基礎講座等の外部セミナーも利用している。

求められる研修内容は，資産運用実務と資産取得実務に大別出来るが，実務研修を行える講師陣が揃わないのがネックになっている。

また，AMマネジャークラスは日々の業務に追われていて，運用業務を客観的に捉えることが難しい面があるので，外部機関によるモニタリングを活用する例も多くなっている。

③資産運用会社間の交流と人的流動性

JREIT資産運用会社間では，組織的な交流はほとんど行われていないが，狭い業界故に，マネジャークラスの私的交流は比較的活発である。

その為，各社の現状等の情報が非公式に伝播しており，それによる人材の流動性が高まりつつあって，プロパー体制を敷いている資産運用会社では，数年で，マネジャークラスが入れ替わる例もある。

また，JREIT資産運用会社間での人材移動も起きていて，暫くは，人材の流動性が続くと考えられる。

2．JREITプレイヤーの課題と対応

私募ファンドまで含めた資産運用業務を考えた場合，人員は圧倒的に不足しているのが実状である。大半のJREIT資産運用会社は恒常的に人材募集を行っているが，少数精鋭で望まなくてはならない体制故に，個々人への業務負荷が大きくなり，採用後の転職も多くなっている。

一方，中核となる人材は払底していて，大半の資産運用会社ではオリジネーターからの出向社員に頼らざるを得ない状況にある。

その為，各資産運用会社では自前で資産運用業務要員を育てる必要が生じているが，前述のように人材育成の有効な手法がないこともあって，資産運用会社では個々人の努力を促すことと，分業化の促進，または，一部業務の外注化の方向に進んでいる。

(1) インセンティブの導入

資産運用業務は担当する人員のモチベーションによって質が左右されるので，給与体系を能力主義にしているケースが多いが，更に，投資法人の出資

口を使ったストックオプション等も検討されている。

　福利厚生制度等の充実を図ろうとする動きもあるが，これらは，企業規模から見ても限度があるのでオリジネーター企業の制度利用に留まっている。

(2) 資産運用業務の分業化

　JREITの資産運用会社は以下の業務体制を敷いている場合が多い。

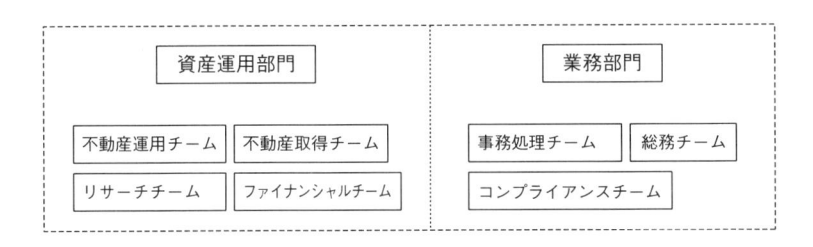

資産運用部門		業務部門	
不動産運用チーム	不動産取得チーム	事務処理チーム	総務チーム
リサーチチーム	ファイナンシャルチーム	コンプライアンスチーム	

　資産運用業務にとってどのような体制がベストという答えはないが，分業体制を敷いている事でいくつかの問題点が浮上してきている。

①運用と取得分離の是非

　不動産を取得するチームと取得後の不動産を運用するチームに分離するのは，業務の性格上は合理的だが，資産運用業務では取得から運用に至るまで一貫したポリシーが必要となる。

　また，不動産投資の側面から見ると，不動産の持つ欠点等は運用では容易に解決しないので，取得時に何処まで運用のことを考えて選別するかが不動産投資のポイントとなる。

　これと同様の問題として，大手デベロッパーやビル会社等も取得担当と計画担当間の意思疎通に苦労しており，運用と取得を分離した場合，上層部の指導力と判断力が伴わなければ，後に問題を残すケースが多い。

② リサーチチームの設置と活用

　JREITの不動産投資では不動産市場の動きだけではなく，株式市場や金融状勢等の動きにも注意が必要だが，これらは他の業務を担当しながらでは限度がある。

　また，PM会社が上がってくる情報や管理業務の内容についても他のデータと比較してみる必要があるので，これら社内のデータと整理蓄積と外部データの収集は専門職が必要となる。

　一部の資産運用会社ではリサーチチームを別編成で組織している所もあるが，リサーチチームの分析結果や抽出された問題点が実際の業務に反映される仕組みがないと単なる調査だけになってしまうので，リサーチチームの機能を実務に反映させる仕組みを用意しなければならない。

③ 必要不可欠なファイナンシャルチーム

　不動産の取得や運用業務と財務戦略・ファイナンスは全く別の分野の知識であり，両方をカバーしている人材は少ない。

　一方，資産運用会社にとって財務戦略の重要度は高いので，内部に財務に長けている人材を確保し，専門チームで能力を発揮させる体制は不可欠であるが，JREITの財務についての基準や考え方が整理されていない面もあるので，資産運用会社にとって今後の重要課題でもある。

④ 事務処理チームの重要性

　資産運用会社の事務処理は地味ながらも資産運用活動を影で支える役割を持っている。

　また，効率の良い事務処理，データの蓄積・整理等はJREITの資産運用では必須なので表面には出ない部分ながら，事務処理体制を充実する事は長期の視点で見れば不可欠である。

⑤コンプライアンスチームの現実的機能

　JREITの資産運用会社は何処もこのチームを持っているが，実際に何処まで内部チェック機能を果せているか疑問である。

　特に，オリジネーターとの利益相反に関しては微妙な立場にもあり，資産運用会社の決定に関して何処まで関与出来るかという現実的な問題を抱えている。

　また，有価証券報告書の虚偽記載問題等により厳しくなってきた上場会社のコンプライアンスについては，株式市場へ上場している企業並の体制を求められており，少ない人数の資産運用会社では対応が難しいという問題も現れ始めている。

(3) 一部業務の外注化

　資産運用業務のモニタリングを外注して，客観的立場からのアドバイスを受けている資産運用会社もあるが，適切な外部機関が少ないこともあって，限定的な活用に留まっている。

＜外注業務の現状＞
　複数の資産運用会社で導入しているのが，PM業務の定期的評価作業の外注である。

　起用しているPM会社の業務遂行状況を100項目程度で評価を行い，定期的にレポーティングを受けているが，オリジネーター関連のPM会社への業務発注の妥当性に使われている面もあって，必ずしも，実効性が高くない。

　また，外部から入ってくる不動産売却情報のフィルタリングとデュー・デリジェンス業務をオリジネーター（不動産会社の場合）に委託している資産運用会社（日本ビルファンドマネジメント等）もある。

(4) 物件情報の入手

　資産運用会社では，オリジネーター及びその関連会社から売却物件情報を優先的に得る「パイプライン契約」を締結しているところも多いが，特段の契約がなくても実質的にオリジネーターからの情報を優先的に得ている資産運用会社が大半である。
　この意図は，JREIT間及び私募ファンドとの取得競争の中で有利に物件取得を進めることにあるが，複数オリジネーターを持っている銘柄では全てのオリジネーターのカバーが出来ていない。

　以上のように，資産運用会社は全ての業務を内製化出来る経済的基盤と人材が確保出来ない為に，オリジネーターに頼らざるを得ないのが実状である。
　オリジネーターの活用は，常に，JREIT投資家との利益相反の問題を含んでいて微妙でもあるが，暫くは，見過さざるを得ない。
　また，資産運用会社の中枢がオリジネーターからの出向社員で占められていることも，体制の安定性と利益相反の問題から将来の改善課題でもあるが，人材難もあって容易に代替が進まない。
　これらは一朝一夕には解決出来る課題ではないが，JREIT市場の拡大と伴にストレスが高まってくると考えられるので，目標を定めて，順次，解決または整備していく必要がある。

3．JREITの取組むべき主要課題

　最後に，JREITの発展の為に取組むべき課題を整理すると以下の通りとなる。

1. 投資判断情報整備の為のインフラ整備
・情報開示項目の完全統一化
・第三者的立場での比較情報の発信
・投資家サイドに立ったモニタリング体制の確立
2. 人材の育成
・資産運用実務を体系的に習得出来るカリキュラムの確立
・資産運用業務の社会的認知度の向上
・合理的資産運用報酬の整備確立
3. 投資家対策
・個人投資家への啓蒙普及活動の長期的，且つ，定期的な実施
・広告宣伝活動の活発化
・JREIT入門から応用専門に至るガイダンス資料の整備

　これらの課題は，資産運用会社等の銘柄側だけの問題に留まらず，JREITの既存投資家や取引市場参加者にとっても重要な意味を持つが，JREIT全体に跨って活動出来る組織や人員が不足していて進展が遅い。
　JREITの発展は，不動産業界に変革を起こしており，
「不動産価値の尺度」
「不動産取引の透明性」
「不動産取引の客観的合理性」
という，従来の不動産取引に欠落していた点を改善しつつある。
　一方，これからの資本市場の在りかたについても重要な示唆を投げかけている面もあるので，不動産と資本市場に跨るJREITを整備する事で日本経済の再生と発展に繋がる可能性もある。
　未だ歴史も浅く，有価証券市場としての規模も小さいが，新しい投資商品であるJREITという窓から日本経済というフィールドを見つめることは有意義であると考えている。

参考文献

『不動産証券化ハンドブック』（不動産証券化協会）

『不動産投資理論入門』（山内正教著，シグマベイスキャピタル）

『投資家のための［入門］不動産投資信託』（R.L. ブロック著，松原幸生・河邑環訳，プログレス）

あとがき

　JREITに関する実務書という依頼によって執筆を開始しましたが，誕生間もないJREITでは基本的な仕組みや用語の解説も必要となり，難解な部分も多い不動産に関する記述も含めると何処まで書けば良いのかという葛藤が付きまといました。

　基礎編についてはいくつかの書籍が発刊されていることもあって，比較的簡単に記述しましたが，不動産に関する部分は，どの程度までという範囲が難しく，結局，ある程度の不動産知識を持っている方を前提にした記述になりました。

　また，経済動向との関連は多くの方が興味を持っている点ですが，不動産と経済動向との関連は不動産業界でも解明出来なかったこともあり，その相互メカニズムは検証出来ていません。

　その為，筆者独自の視点での解説になりましたので，将来，異なる見方が成立する可能性もありますし，筆者自身の視点も変化することもあり得ます。

　但し，不動産投資のカテゴリーに入るJREITでは，保有資産の個別性に拠る所が大きく，マクロの視点だけでは投資判断としては不十分な事も確かです。

　さらに，長期の投資という捉え方をするならば，不動産の深いところまで及ぶ必要があり，建築技術や建物の社会的有用性，そして最終的には都市論にまで辿り着く必要もありそうです。

　JREITが従来の不動産に対する見方を変え，建物から生じる収益を重視する方向になれば，建築物の持っている可能性を探らざるを得なくなりますので，長期にわたって社会的価値を維持する建物とは何かという，建築学の問題にもなります。

筆者としては，JREITの発展によって都市の在りかたや，建築論にまで議論が及ぶことが目標であり，建物を通じて，街や都市の価値を考え，あるべき姿を追求していくことで資産としての価値を生み出すようになって欲しいと願っています。

　長年不動産に関わった人間として言わせて頂くと，人々の生活の基盤となる不動産を扱う立場にある者は，不動産を社会財として捉え，その社会的有効性を意識しながら業務を遂行しなければならないと思います。

　勿論，現実の事業の前では矛盾も葛藤もありますが，常に，社会財という視点だけは忘れて欲しくないと願って止みません。

　最後に，執筆依頼から脱稿まで半年以上も要し，編集者の今井孝雄氏，真下早苗氏のご両者にご迷惑をお掛けしたにも関わらず，辛抱強くお待ち下さり，出版して下さったことに感謝申し上げる次第です。

以上

【著者紹介】
山崎 成人（やまざき　しげと）
1949年　東京都生まれ
1971年　慶應義塾大学法学部政治学科卒業
1971年　三菱開発株式会社入社
1976年　三菱商事株式会社へ出向
1981年　三菱地所住宅販売株式会社入社
　　　　札幌支店長，業務部長，情報システム室長を歴任
1999年　三菱地所住宅販売株式会社退社
2000年　不動産投資顧問業登録，㈲SYC設立
2001年　REITアナリストとして活動を開始
現在に至る

解析　JREIT
─────────────────────────────────
2005年6月30日　第1刷発行

　　　　　著　者　山崎成人
　　　　　発行者　清水正俊
　　　　　発行所　シグマベイスキャピタル株式会社
　　　　　　　　　〒103-0022 東京都中央区日本橋室町1-7-1
　　　　　　　　　　　　　　　　　　　　　スルガビル8F
　　　　　　　　　　TEL 03(5203)5505　　FAX 03(5203)5502
　　　　　　　　　　http://www.sigmabase.co.jp
　　　　　印刷・製本　日経印刷株式会社
─────────────────────────────────

© S.Yamazaki 2005 Printed in Japan
ISBN4-916106-84-9
乱丁・落丁本はお取替えいたします。